Wir danken der Mechthild-Mayer-Stiftung Karlsruhe
für die Finanzierung der Publikation.

IKARUS
TEXTE VOM FALLEN

Herausgegeben von Katharina Hagena
und Hansgeorg Schmidt-Bergmann
im Auftrag der Literarischen Gesellschaft Karlsruhe.

Bearbeitet von Esther Stern.

Mit Beiträgen von
Anne Blezinger, Simon Brombacher,
Rocio Günther, Dominik Haitz, Thomas Heintz,
Aleksej Reimisch, Daniela Waßmer
und Johanna Wohlgemuth

Mit einem Nachwort von
Katharina Hagena

Inhalt

ANNE BLEZINGER
Ikarus 7
Papa weint 14

SIMON BROMBACHER
Der Fall des Ikarus 42
Die Betenden 44

ROCIO GÜNTHER
Ein fallendes Meisterwerk 57
Ein Fallbeispiel 60

DOMINIK HAITZ
Ikarus 86
Unter Tannen 89

THOMAS HEINTZ
Von Rebhühnern, einem Genie und seiner Flucht 99
Wenn Frau Menke kommt 107

ALEKSEJ REIMISCH
Ikaros 126
Das Märchen vom Tod und seinem Geschenk 129

DANIELA WASSMER
Der Sohn des alten Daedalus 138
Die Brücke des Teufels 140

JOHANNA WOHLGEMUTH
Die Verwandlung des Ikarus 160
Lotta 162

ANHANG
Biografien 175

KATHARINA HAGENA
Nachwort 179

ANNE BLEZINGER

Ikarus

Vater, immer bist du so leise. Ich glaube, du heckst etwas aus. Ich drehe das Wachs in den Händen, bis es warm ist. Ich reiße es auseinander, ziehe einen langen, honigweichen Faden, der an der Luft erstarrt.

Vater blickt nicht auf von seinem Werk. Auch er spielt mit dem Wachs, aber er hat sein Spiel zur Kunst erhoben. Flügel baut er. Er hat Rohre ineinandergesteckt. Die fahlen, toten Pflanzenstümpfe mit Zwirn gefesselt. Wachs hat er in die Seile gerieben. Er legt es dazu auf die Steine, die von der Sonne glühend werden, obwohl die Luft doch kalt ist. Es schmilzt, er sammelt es in der hohlen Hand und drückt es an die Stäbe. Dazu die Federn. Federn von toten und lebendigen Tieren, gesammelt haben wir sie, am Strand, im Stall, in der Küche.

Das einzige, wozu ich gut genug war.

Hol die Federn aus der Küche. Und Wachs von den Bienenkörben.

Warum Vater?

Du wirst schon sehen. Ich werds ihm zeigen, dem alten Schurken. Geh schon.

Er sieht von der Arbeit nicht auf. Lächelt nur manchmal, runzelt die Brauen, kneift die Augen zur Sonne zusammen. Die Stirn hat die Farbe von Sand und wirft Dünen auf, wenn er denkt.

Flügel baust du, frage ich. Für Minos? Will er das diesmal von dir?

Blödsinn. Für uns.

Wir werden ihm davonfliegen, dem Schuft.

Ach, das ist es also. Vater träumt vom Vaterland.

Lass mich doch auch mal, bitte ich. Mein eigenes Paar, kann ich es selbst zu Ende bauen? Ich hab dir schon so lange zugesehn.

Ach Ikarus.

Ich rolle meinen Zorn zu einer Wachskugel, dann zu einer Pyramide, drücke alle meine Daumen, Zeige- und Mittelfinger in die gelbe Masse und schlage sie mit der Faust flach. Warte, dass sein Zorn antwortet. Warte vergebens.

Er lächelt nur milde, wie man ein Kind anlächelt, das Asträdchen an ein Rindenstück steckt.

Ich nehme eine Feder auf und umschichte sie auf meinem Stein mit einem gelbglänzenden Sarkophag.

Verschwende die Federn nicht, ruft er. Los, mach dich nützlich. Nimm den Mägden den Mittagskorb ab, dass sie nicht selbst hierherkommen. Sobald die Sonne über dem Zenit ist, fliegen wir. Es ist ein guter, kühler Wind. Die Sonne nicht so stark wie sonst. Die Dunstglocke ...

Und er versinkt in Denken, die Augen ins Stirnrunzeln wie eingeschmolzen.

Kann ich losgehen, um Abschied zu nehmen, frage ich.

Von wem denn, erwidert er verächtlich.

Den anderen. Und von den Felsen. Von der Stadt. Und von den jungen Hunden in der Scheune.

Untersteh dich, entgegnet er und beschließt, dass ich jetzt doch hierbleiben soll.

Wir werden fliegen, ohne vorher zu essen.

Das Meer glitzert in der kalten Sonne. Ich gehe zum Strand hinunter. Meine Füße drücken das Wasser aus dem Sand. Ich stakse in die Brandung hinein und wieder hinaus. Ich schaue meiner Spur nach. Sie hört im Wasser einfach auf.

Ich wate langsam wieder ins Meer, diesmal bis zum Saum meines Gewands. Springe hinaus, als meine Füße von der Kälte zu frieren beginnen. Die Wellen lecken meinen Fußstapfen hinterher. Ich kicke sie ins Meer zurück. Pah, du ungezogenes Wasser!

Ikarus!, ruft es. Komm jetzt, Ikarus, wir sind so weit.

Gehorsam kehre ich zum Vater zurück. An der Klippe steht er. Die Flügelpaare hat er meisterlich aufgespannt. Er hebt das eine auf und lastet es mir an.

Arme hoch. Bleib so, ja. Den Riemen etwas fester. Schlag mit den Flügeln. Ja.

Er selbst gürtet sich ohne Hilfe. Dann schaut er stolz zu mir hinüber und bewundert die Flügel, die er gemacht hat. Vom einen Flügel zum anderen schaut er, und auf dem Weg dazwischen schaut er mich an, als hätte er auch mich gemacht, aus Rohr gebogen und mit Wachs als Haut.

Er klappt seine Flügel auseinander und ich die meinen, die gar nicht so viel kleiner sind als seine.

Mein Sohn, sagt er und umarmt mich von den Flügeln behindert, küsst mich auf die Stirn, die Lippen wie Sand.
Mein Sohn, sagt er wieder und für einen Augenblick kühlt sein Stolz ab zu trauriger Liebe, als er auch meine Beine fest ans Rohr bindet.
Mein einziger Sohn, sagt er. Wenn du nun fliegst, dann meide es, zu tief zu fliegen, dass dir das Wasser deine Schwingen nicht beschwere. Auch meide sonnenwarme Höhen, dass nicht die Glut das Wachs dir schmelze. Bleib zwischen beiden Elementen. So wie du mich es tun wirst sehen.

Nebeneinander stehen wir. Vater hebt die Arme hoch und senkt sie wieder, schaut zu mir, hebt die Arme erneut, wartet auf Wind. Steht still.
Die Luft aber ist kalt und fest. Er bewegt die Flügel, als versuche er, den Wind selbst zu machen und die Luft unter sich zu bekommen, um sie weich zu schlagen, damit sie flüssig wird und uns trägt.

Was stehst du nur und guckst, fragt er ärgerlich.

Eine Böe kommt und reißt an unseren Flügeln. Ich schwanke, aber bleibe stehen.

Ach Ikarus, sagt er, der doch auch noch steht.

Unten schnappen die Wellen nach uns, ich lache wild und lasse mich fallen.

Erst ist nichts als Rauschen in den Ohren und Kälte, die gegen Brust und Arme drückt. Das Meer murmelt und applaudiert mir, aber ich kann es nicht sehen hinter meinen zuckenden Lidern.
 Dann ein Schrei. Über mir, neben mir? Ich ziehe die Flügel an und der Druck hört auf. Ich werde leicht. Die Luft wird weich.
 Ich öffne die Augen und sehe dicht unter mir das Wasser. Es ist viel ruhiger, wenn es nicht gegen das Land kämpft.

Vater ist jetzt neben mir. Die Augen starr nach unten gerichtet, kaum einen Blick für mich. Auf seinen angespannten Lippen zittert ein Satz. Meide es, zu tief zu fliegen.
 Ja doch, Vater.
Ich schlage mit den Flügeln. Die Luft ist bereit, mich zu tragen. Ich ziehe die Arme an und hebe sie, werfe den Kopf in den Nacken, bis er am Rohrgerüst anstößt, schlage mit den Flügeln und schieße nach oben wie ein Schwimmer.
 Die Insel gerät wieder in mein Blickfeld. Ich sehe ihr zu, wie sie kleiner und gelber wird, als wäre sie immer nur ein schwimmender Wachskloß gewesen.
 Die Sonne blinzelt mich durch die Wolken an, und ich blinzle zurück. Unter mir ist nur noch Meer, und um das Meer ist nur noch Himmel.

Vater ist weit unter mir und müht sich ab, mir zu folgen. Er kämpft mit der Luft und der Höhe. Er wirft den Kopf in den Nacken, um mich im gleißenden, weißen Himmel zu finden. Er vergisst sogar, mit den Flügeln zu schlagen.

Hat er es denn ganz vergessen, das seltsame Vaterland, das er finden wollte? Komisch, so komisch. Ich sehe, wie er blind vor Helligkeit nach oben ruft. Aber der Wind will seine Stimme nicht tragen. Was ruft er da? Ikarus, Ikarus, flieg nicht so hoch?

So klein ist das Meer geworden. Ja, auch das Meer ist klein, obwohl es immer so unendlich tut.
    Ruft er immer noch? Ich sehe es gar nicht mehr genau. Pass doch besser auf, Vater, dass du nicht fällst!

Ich will über den Dunst, dorthin, wo es hell ist, hoch, hoch, wo das Licht gelb und blau ist, wo man die Sonnenstrahlen nicht auf Steinen zu sammeln braucht. Es geht schnell nach oben, durch die Wolken, seltsam, man kann sie gar nicht berühren, Wolken erst um mich, dann unter mir. Es ist schön hier, kein Meer, keine Insel, Luft so warm wie Haut.
Schön ist es hier und langsam, weil hier oben die Tage nicht vergehen. Es gibt keine Nacht, wenn man der Sonne folgt.
    Ruft er schon wieder? So hoch oben, er? Nein, er ruft nicht mehr, es ist nur der Wind.
    Aber was für ein Wind auf einmal, ein Rauschen, ein Brausen, Wolkenfetzen, dann ist auch das Meer wieder da, aber das Meer ist nicht mehr ruhig. Die Wellen schnappen nach mir, zerren mich an den Flügeln nach unten, legen sich um mich, dringen in das Holz und in mein Kleid und meine Haare.

Ich würde ja schwimmen, wenn er mich nicht festgebunden hätte.

Ich habe jetzt Angst. Das Rauschen ist immer noch da, immer noch falle ich, aber es wird dunkler und dunkler. Das Meer ist überall um mich und drängt in mich hinein.

Eine Insel ist unter mir, auf der ein Vater ruft, dem ich entgegen falle, aber es ist eine dunklere Insel und ein dunklerer Vater.

ANNE BLEZINGER

Papa weint

Ich habe früher ziemlich lange geglaubt, dass Erwachsene nicht mehr weinen können. Außer in Filmen vielleicht, oder wenn etwas wirklich Schlimmes passiert, aber sonst höchstens mal beim Zwiebelschneiden. Und Tante Ilse weint nicht mal dann.

Papa jedenfalls habe ich noch nie weinen sehen. Weder als er sich mit dem Hammer doll auf den Daumen gehauen hat, noch damals, als er mir die Geschichte erzählt hat, wie der alte Herr Körbes auf seiner Station gestorben ist. Und beim Zwiebelschneiden trägt Papa seine Brille.

Dafür mag Papa traurige Menschen. Das war schon so, seit ich mich erinnern kann. Zum Beispiel, wenn wir mit Tante Ilse, Onkel Anders und meinen Cousins Nico und Sophie einen Ausflug gemacht haben und Nico sich mal wieder irgendwo das Knie angeschlagen hat. Dann war Papa immer sofort da mit dem Pflaster und dem Heile-heile-Gänschen-Lied. Sogar dann noch, als Tante Ilse meinte, Nico sei langsam mal zu alt für solche Sachen. Nico selbst fand das übrigens nicht. Aber der ist auch eine Heulsuse vor dem Herrn, findet meine Cousine Sophie.

Aber die traurigsten Menschen findet man nicht auf Ausflügen, sondern im Internet. Schon als ich sehr klein war, saß ich manchmal in Papas Arbeitszimmer auf dem Spielteppich und fragte, wenn ich kurz von meinen Playmobilfiguren aufsah, wieso denn bei den Leuten im Computer alle Schmetterlinge schwarz seien und die kleinen Engel immer so traurig.

Gästebücher, sagte Papa. Gästebücher von Leuten mit Sternenkindern.

Ich mochte das Wort »Sternenkind«. Das wollte ich auch gerne sein.

Außer im Sternenkinderforum war Papa auch im Krebsforum, im Sektenaussteigerforum und bei den Angehörigen psychisch Kranker.

Die Bilder im Krebsforum waren ähnlich wie bei den Sternenkindern, nur waren die Engel hier erwachsen und trugen mehr schwarz. Von Krebs hatte ich keine so genaue Vorstellung. Papa hatte es mir einmal erklärt, aber so ganz verstanden hatte ich es trotzdem nicht. Ich wusste nur, dass es etwas Schlimmes war und nichts mit den krabbligen Tieren aus dem Urlaub zu tun hatte.

Die Sektenaussteiger waren mit Bildern sparsam. Ich erinnere mich aber noch an jemanden, der einen Fisch mit Beinen als Bild hatte und laut Papa ein paar interessante Sachen zu sagen hatte. Und wie Papa dann manchmal vor sich hinmurmelte, während er tippte. »Er hat ja recht, aber das kann ich ihm trotzdem nicht durchgehen lassen.«

Zu den psychisch Kranken ging Papa normalerweise erst, wenn ich schon im Bett war. Auf jeden Fall wusste ich, dass Psyche ein kluges Wort für Seele war und wenn die Seele krank war, dann war das vielleicht sogar besonders schlimm, denn die sollte ja später mal in den Himmel!

Übrigens fand Tante Ilse es nicht so toll, dass Papa abends so viel Zeit im Internet und mit traurigen Menschen verbrachte.

»Wieso denn nicht?«, fragte ich sie einmal, als sie mich und Sophie von der Grundschule und Nico vom Kindergarten abgeholt hatte und gerade Nudeln mit Bolognesesoße für uns alle kochte. Da hatte Tante Ilse mich sehr ernst angeschaut und gemeint: »Dein Papa hat den ganzen Tag schon so viel Elend mitanzusehen, dass ich mir unmöglich vorstellen kann, dass es gut ist, sich das auch noch nach der Arbeit anzutun.«

»Was für Elend?«, fragte Nico neugierig. Tante Ilse tat, als habe sie es nicht gehört.

»Hat dir dein Papa schon mal erklärt, was er eigentlich macht?«, fragte sie mit einer Stimme, die so behutsam war, wie es zu Tante Ilse eigentlich nicht passte.

»Doch, klar«, erwiderte ich empört: »Mein Papa bringt alte und kranke Leute ins Grab.«

Tante Ilse legte den Kopf schief und sah mich sehr merkwürdig an.

»So kann man es natürlich auch sehen«, meinte sie dann.

»Bringt Saras Papa Leute um?«, fragte Nico begeistert.

»So ein Blödsinn«, fuhr ihm Sophie über den Mund: »Saras Papa kümmert sich um alte und kranke Leute, so lange, bis die sterben.«

»Leute, die eh schon sterben müssen«, sagte ich schnell, bevor Nico noch etwas einwerfen konnte: »Papa sagt, das nennt man Sterbebegleiterin, und jemandem beim Sterben beizustehen ist eine sehr schwierige und wichtige Aufgabe. Es ist ein bisschen so, wie jemanden ins Bett zu bringen, nur eben für die Ewigkeit.«

Und das war der Moment, in dem Nico tatsächlich anfing loszuheulen, als hätte er nur darauf gewartet.

»Ich will aber nicht, dass mich irgendwann jemand für immer ins Bett bringt!«, rief er.

»Du bist so blöd!«, fauchte Sophie.

»Und du bist ganz schön gemein«, sagte Tante Ilse und schaltete die Herdplatte aus. »Ich werde trotzdem mal mit deinem Vater reden«, sagte sie noch und dann ging sie Nico hinterher, der in sein Zimmer gerannt war.

Damit war unser Gespräch über Papa und die traurigen Menschen fürs Erste zu Ende.

Tante Ilse ist die Schwester von meinem Papa und Sophie und Nico sind somit Cousine und Cousin von mir.

Aber Tante Ilse ist nicht nur meine Tante, sondern irgendwie auch ein bisschen meine Mama. Vor allem, weil ich ja selber keine habe.

»Jeder von euch hat eine Mama und einen Papa«, hat Frau Krill in der zweiten Klasse einmal im Religionsunterricht gesagt.

»Sara aber nicht«, hat Sophie reingerufen, als wüsste sie etwas ganz besonders Wichtiges und Tolles, und die ganze Klasse hat geguckt. Sophie war das später ziemlich peinlich, und sie hat sich entschuldigt. Aber Frau Krill war es auch peinlich. Sie hat ihre Geschichte über Adam und Eva weitergelesen und sich erst nach der Stunde zögerlich bei mir erkundigt, was denn passiert sei.

Dabei ist das kein Geheimnis. Sophie weiß es, Tante Ilse und Onkel Anders wissen es und sogar Nico weiß es. Aber Frau

Krill, die Religionslehrerin, wusste es nicht. Also musste ich es ihr erklären. Sophie hat mitgeholfen, auch wenn ich das nicht so gerne habe, weil es ja meine Geschichte ist.

»Meine Mama ist aus dem Fenster gefallen, als ich noch ganz klein war«, erklärte ich der Religionslehrerin.

Frau Krill sah mich überrascht an.

»Beim Fensterputzen«, ergänzte Sophie, und ich nickte.

»Aber ich hab das nicht mitbekommen«, sagte ich, weil Frau Krill ein trauriges Gesicht machte und ich sie trösten wollte: »Papa meinte, Mama hätte mich an dem Tag bei Tante Ilse abgegeben, damit sie in Ruhe putzen kann. Und er selber war gerade einkaufen. Als er zurückkam, war schon die Polizei da.«

»Und außerdem sagt meine Mama immer, du seist erst eins gewesen«, ergänzte Sophie: »Deswegen hast du es selber nicht mitbekommen.«

»Das wusste ich alles nicht«, sagte Frau Krill mitfühlend.

»Jetzt schon«, erwiderte Sophie fast ein bisschen zu triumphierend und Frau Krill bot an, dass ich immer, wenn es mir deswegen schlecht gehen würde, zu ihr kommen dürfte.

»Oder zu Mama«, sagte Sophie, »oder zu mir. Denn wir sind nicht nur Cousinen, wir sind auch beste Freundinnen.«

Sophie und ich gingen in dieselbe Klasse und wenn die Schule vorbei war, gingen wir zusammen nach Hause zu Tante Ilse. Das hatten Papa und sie so ausgemacht, weil unsere Häuser in derselben Straße standen und Papa meistens erst um drei von der Arbeit zurückkam.

Nach den Hausaufgaben schauten wir manchmal bei Onkel Anders in der Werkstatt vorbei oder spielten mit Nico. Aber oft wollte Nico gar nichts von uns wissen, sondern maulte nur rum, dass er einfach nur eine Sandburg bauen wolle, ohne, dass darin Barbies und Playmobilfiguren wohnen sollten.

Manchmal musste Papa auch nachmittags arbeiten. Für diesen Fall hatte ich einen Schlüssel. Dann gingen Sophie und ich nach drüben, schalteten den Fernseher an oder spielten im Arbeitszimmer mit Playmobilfiguren. Manchmal machten wir uns auch eine Tiefkühlpizza, tranken Apfelsaft in Weingläsern dazu, stießen damit an und fühlten uns wie die Erwachsenen in der Dr. Oetker-Werbung. Vor allem, weil Fernsehen und Tiefkühlpizza bei Tante Ilse streng verboten waren.

»Fernsehen macht dumm und Fertigessen macht dick«, sagte Tante Ilse, wenn Sophie sich beschwerte. Dabei war Tante Ilse selber ziemlich dick. An der Pizza konnte das nicht liegen. Ein einziges Mal hatte Sophie auch genau das als Argument angebracht, aber da war Tante Ilse sauer geworden und wollte die nächsten Tage weder von Pizza nach von Fernsehen auch nur ein Wort hören.

»Ich werd mal mit deinem Papa reden«, war das einzige, das sie schließlich sagte und ich wusste dann genau, dass das nicht viel ändern würde. Ein paarmal hatte Tante Ilse schon mit Papa geredet. Zum Beispiel nach der Sache mit den traurigen Menschen im Internet oder der Geschichte mit Frau Krill.

Übrigens kannten sich Frau Krill und Papa sogar. Aber nicht besonders gut. Papa meinte, er habe mit Frau Krill damals Theologie studiert, aber das sei lange her.

»Dann könntest du ja eigentlich auch unser Relilehrer werden!«, hatte Sophie vorgeschlagen.

Da hatte Papa erklärt, dass man, um Religionslehrer in einer Grundschule zu werden, noch ein paar andere Sachen können müsse, als sich mit der Bibel auskennen, und dass er auch überhaupt ganz froh sei, dass er jetzt Sterbebegleiter sei und nicht mehr Pfarrer.

»Warum?«, wollte Sophie wissen: »Es ist doch bestimmt viel schlimmer, mit Leuten über den Tod reden zu müssen, als über die Bibel.«

Da hatte Papa erklärt, dass der Unterschied manchmal gar nicht so groß sei. Aber als Pfarrer wollten die Leute nicht nur, dass er davon rede, sondern auch, dass er ein Vorbild im Glauben sei. Und das könne er nicht mehr sein.

Ich bin mir sicher, Sophie konnte sich unter »Vorbild im Glauben« überhaupt nichts vorstellen. Aber sie wollte es auch nicht genauer wissen. Stattdessen schlug sie vor, Mensch-ärgere-dich-nicht zu spielen und ich glaube, Papa war das nur recht. Aber heimlich glaube ich, dass Papa hauptsächlich deswegen nicht mehr Pfarrer sein wollte, weil Mama tot ist und alle in der Straße ihn deswegen immer so mitleidig angucken.

Ich glaube, selber denkt er immer noch oft an Mama. Und ich auch, obwohl ich sie nicht kenne. Aber ich habe ein Bild von ihr und Papa meint, sie sei genau so gewesen, wie sie auf diesem Bild guckt: Sehr lieb und klug, und ich hätte sie bestimmt gemocht.

Aber später, wenn ich mal im Himmel bin, dann habe ich ja genug Zeit, alles nachzuholen. Und daran glaube ich fest.

Also, dass Mama im Himmel ist. Und Papa auch mal dahin kommt. Und Tante Ilse. Und Onkel Anders. Und Nico. Auch wenn Sophie und ich ihn manchmal damit ärgern, dass er in die Hölle kommt, weil es immer so schön ist, wenn er sich aufregt.

* * *

Sogar jetzt noch hoffe ich bei Sophie, dass sie in den Himmel kommt. Auch wenn ich Sophie gerade ziemlich doof finde und sie echt gemein zu mir war. Aber vielleicht wird es ja wieder gut. Denn schließlich gibt es nur einen einzigen Himmel, in dem alle zusammenkommen. Nicht so, wie bei der Schule.

Papa und Tante Ilse hatten sich das ausgedacht. Weil Sophie kein Mathe mochte, aber Lady-Gaga-Songs übersetzen konnte (was Tante Ilse übrigens nicht so gerne mag), sollte sie auf das Sprachgymnasium gehen. Und weil ich Englisch doof fand, aber gut in Mathe und Sachkunde war, sollte ich aufs technische Gymnasium.

Tante Ilse und Papa haben lange geredet, ob das gut sei.
»Meinst du wirklich, dass wir die beiden auf unterschiedliche Schulen schicken sollen, Herbert?«, hatte Tante Ilse gefragt.
Papa hatte geantwortet, dass ja sonst alles beim Alten bliebe. Sophie und ich könnten immer noch zusammen zur Schule gehen und auch zusammen zu Mittag essen. Aber langfristig müsse man eben nach den Talenten der Kinder gehen. Und außerdem seien die beiden Schulen nebeneinander.

Da hatte Tante Ilse genickt und geseufzt: »Aber einfach wird das nicht.«

»Blödsinn«, sagte Sophie: »Das wird supereinfach. Wir sind ja immer noch beste Freundinnen und das bleibt auch so.«

Am ersten Schultag gingen wir tatsächlich zusammen. Tante Ilse und Papa waren auch dabei. Sophie und ich schlenkerten die neuen Rucksäcke und ich sagte zu Sophie, dass ich mächtig stolz sei, dass wir jetzt »Eastbags« hatten und keine Kastenranzen mehr. »Eastpaks«, korrigierte Sophie: »Das ist nämlich eine Marke und kein Wort.«

Und dann unterhielten wir uns über andere Sachen, bei denen wir nicht so richtig wussten, ob es Marken oder Worte waren, zum Beispiel »Tesa« und »Tempo«. So lange, bis wir an der Schule ankamen.

»In den großen Pausen treffen wir uns immer am Eingang!«, sagte Sophie, als Tante Ilse mit Sophie nach rechts abbog.

Am ersten Tag gab es keine Pause, denn man musste den ganzen Tag immer irgendwo hin. Alle Lehrer standen in der Sporthalle und es gab ein Theaterstück über Elefanten. Papa fand es süß, wie die Kinder spielten und sprachen, aber ich fand es einfach nur nervig. Doch das ist, glaube ich, so ein Erwachsenending.

Dann mussten die Erwachsenen gehen, weil wir ins Klassenzimmer kamen. Blöderweise kannte ich niemanden. Dafür kannten sich von den anderen schon ziemlich viele. Zum Glück waren die Bänke in mehreren langen Reihen aufgestellt, also setzte ich mich einfach irgendwo am Rand dazu. Zwar saß ich streng genommen immer noch alleine, aber so fiel es nicht so sehr auf.

Die zwei Mädchen, neben denen ich saß, schienen sich schon seit der Grundschule zu kennen. Die eine hatte braune Haare und geflochtene Zöpfe, wie sie Tante Ilse Sophie und mir nie hatte flechten wollen, und unterhielt sich mit ihrer Sitznachbarin über ihr neues Mäppchen mit Pferden drauf. Ich vermisste Sophie. Sophie und ich waren uns immer einig gewesen, dass Pferde blöd waren.

Aber jetzt kam es nicht darauf an. »Schönes Mäppchen«, sagte ich zu der mit den Zöpfen. Sie hörte mich nicht. Ich stupste sie an. »Schönes Mäppchen«, sagte ich. Sie lächelte mich freundlich an und unterhielt sich weiter mit ihrer Sitznachbarin.

Die Frau mit den grauen Haaren und dem Lippenstift auf dem breiten Mund, die uns ins Klassenzimmer gebracht hatte, schrieb ihren Namen an die Tafel: »Frau Eder«.
»Wie der Meister Eder beim Pumuckl«, sagte ich zu meiner Sitznachbarin. »Den kenn ich nicht«, sagte die ohne Zöpfe.

Frau Eder erklärte uns, dass sie uns in Deutsch und Kunst unterrichten würde und schrieb unseren Stundenplan an die Tafel. Wir hatten jetzt neue Fächer. Auf Bio freute ich mich ziemlich. Nachdem wir die Stundenpläne aufgeschrieben hatten, durften wir nach Hause gehen. Sophie und Tante Ilse warteten am Eingang schon auf mich.

»Wie wars?«, fragte Sophie.

»Es war okay«, sagte ich: »Die, die neben mir sitzen, mögen Pferde und kennen den Pumuckl nicht. Aber es wird bestimmt besser.«

»Bei mir wars toll«, erwiderte Sophie: »Ich sitz neben Lena, die ist klasse.«

Zum Glück trafen Sophie und ich uns immer in der Pause und dann war es fast wie früher. Wir kauften in der Cafeteria Gummiringe, mit dem Geld, das eigentlich für Käselaugenstangen und Brezeln gedacht war. Sophie erzählte von ihren Lehrern und von Lena, die einen Hund hatte. Ich erzählte von Frau Eder, die echt nett war und davon, dass Herr Maier immer kreideverschmierte Lippen hatte. Sophie lachte.

Und wir gingen immer noch zusammen nach Hause. Zum Glück wohnte Lena nicht in derselben Straße.

Aber manchmal, wenn wir mit den Hausaufgaben fertig waren, wollte Sophie noch etwas mit Lena machen. Ein paar Mal war ich sogar dabei. Lena wohnte wie wir in einem Einfamilienhaus, aber auf der anderen Seite der Stadt. Sie hatte tatsächlich einen Hund und im Garten auch zwei Hasen. Außerdem hatte Lena einen Fernseher im Zimmer. Wenn wir spielten, kam immer irgendwann Lenas Mutter und brachte Cola und Salzstangen.

Eigentlich fand ich Lena sogar ganz okay, aber mit ihr konnte man nur über Schule und Hunde und Fernsehen reden. Über andere Sachen, zum Beispiel, ob »Tempo« ein Wort oder eine Marke war, nicht. Und wenn Sophie mit Lena zusammen war, dann konnte man auch mit Sophie nicht mehr über etwas anderes als Schule und Hunde und Fernsehen reden.

Die zwei Mädchen neben mir hießen übrigens Petra und Jacqueline. Sie hatten Blöcke von Monster High und schrieben sich im Unterricht kleine Zettelchen. Wenn ich sie irgendetwas fragte, dann sahen sie sich immer erst gegenseitig an, bevor sie antworteten. Also fragte ich sie nicht so viel. Eigentlich war ich ganz froh, dass ich nicht mit ihnen befreundet sein musste. Und Sophie fand auch, dass es gut sei, mit solchen Zicken nichts zu tun haben zu müssen.

Dafür wäre ich gerne mit Sabrina befreundet gewesen. Sabrina hatte lange blonde Haare, die sie zu einem Zopf trug, der immer einen Knick hatte und von dem eine Menge kleine Haare abstanden. Aber Sabrina hatte schon zwei Freundinnen. Außerdem wusste ich nicht so richtig, was ich tun musste, um mit Sabrina Freunde zu werden. Und ich hatte ja Sophie. Damals jedenfalls noch.

* * *

Es war große Pause und November. Ich stand frierend vor dem Eingang und wartete. Aber Sophie kam nicht. Ich sah auf die Uhr. Manchmal hüpfte der Zeiger, aber nichts geschah. Größere Schüler liefen an mir vorbei, bildeten Grüppchen und rauchten. Ein paar von meiner Klasse kamen an mir vorbei, Jacqueline und Petra tuschelten von der Treppe aus und ich fühlte mich richtig dumm, weil mich alle alleine sehen konnten.

Ich wartete bis zwei Minuten nach dem Klingeln, aber Sophie ließ sich nicht blicken. Also ging ich zurück ins Klassenzimmer und wurde sofort von Herr Maier an die Tafel geschrieben. Die Klasse lachte. Ich schlich auf meinen Platz und sagte die ganze Stunde kein Wort mehr, auch dann nicht, als Herr Maier von den Minuszahlen redete.

Als ich nach der Schule nach draußen kam, stand Sophie am Eingang. Ich sah sie an und sagte kein Wort.

»Du, es tut mir voll leid«, sagte Sophie: »Aber Lena war schlecht und da bin ich bei ihr geblieben und hab sie ins Sekretariat gebracht.«

Ich sah Sophie nur an.

»Glaubst du mir nicht?«, fragte Sophie. Ich schwieg und schaute zu Boden.

»Tut mir echt leid«, sagte Sophie: »Aber jemand musste bei ihr bleiben, also sind ich und Melanie mit ihr geblieben.«

»Ich und Melanie!«, rief ich: »Dann war doch schon jemand da!«

Sophie sah mich erst bestürzt, dann wütend an. Schließlich begann sie zu schimpfen: »Echte Freundinnen können sowas verstehen und echte Freundinnen müssen auch nicht ständig miteinander rumhängen. Lena beschwert sich ja auch nicht, dass ich jede Pause zu dir rübergehe, auch wenn alle anderen Blockblätter tauschen.«

Und dann sagte Sophie den Satz: »Dich kann man ja überhaupt nicht mehr mögen, weil du so eifersüchtig bist!«

Ich rannte den Weg zurück. Tante Ilse wunderte sich, dass ich schon so früh da war und ohne Sophie, aber sie fragte nicht weiter. Sophie ließ sich extra viel Zeit, also beschloss Tante Ilse, dass ich und Nico schon essen durften.

Dann ging ich nach Hause. Papa war noch auf der Arbeit. Ich setzte mich vor den Fernseher. Zwischendrin sah ich auf die Uhr. Ich hoffte, dass Sophie vielleicht doch noch kommen würde, um sich bei mir zu entschuldigen. Aber es passierte nichts. Also machte ich mir noch eine Tiefkühlpizza und legte mich ins Bett.

In der nächsten großen Pause stand ich alleine vor dem Eingang. Sophie ließ sich nicht blicken. Ein älterer Junge mit rotgefärbten Haaren, die wie ein Hahnenkamm aussahen, saß auf der Bank. Er zog einen Kaugummifaden zwischen den Zähnen hervor, wickelte ihn um den Finger, streifte den entstandenen Ring ab und steckte ihn wieder in den Mund. Ich beobachtete ihn fasziniert und angeekelt. Plötzlich sah er zu mir hinüber und grinste. Ich hatte ein bisschen Angst. Der Junge stand auf und kam auf mich zu.

»Was machst du?«, fragte er.

»Ich warte auf meine Freundin«, sagte ich: »Sie ist nebenan im Kant-Gymnasium.«

»Ich weiß«, sagte der Junge: »Ich hab euch schon gesehen«

»Aber ich weiß nicht, ob sie wiederkommt«, sagte ich dann leise.

»Mach dir nichts draus«, entgegnete der Junge und zog eine bunte Packung aus der Tasche: »Kaugummi?«

Ich nahm stumm ein Kaugummi und steckte es in den Mund. Erst als ich darauf biss und überhaupt nichts schmeckte außer Salz und Spucke, merkte ich, dass ich weinte.

»Nana«, sagte der Junge ratlos: »Komm runter.«

Zwei andere Jungs und ein Mädchen kamen dazu. Der eine hatte grüne, der andere blaue Haare. Das Mädchen war blond, aber auf eine andere Art als Sophie: Weniger wie Stroh, sondern mehr wie Textmarker.

»Was ist los?«, fragte der Grüne und sah mich misstrauisch an.

»Probleme mit so ner Zicke vom Kant-Gymnasium.«, erklärte der Rote. Es tat gut und ein bisschen weh, ihn Sophie »Zicke« nennen zu hören.

Das Mädchen mit den Textmarkerhaaren sah mich an, als wolle sie überprüfen, ob ich nicht vielleicht selbst die Zicke sei. Aber dann schien sie doch zu kapieren, dass man keine Zicke sein konnte, wenn man alleine war.

Wir blieben die ganze Pause zusammen. Ich sagte nicht so viel, aber der Grüne und der Blaue unterhielten sich über »Die Ärzte«.

Zu viert hatten sie alle was von Mensch-ärgere-dich-nicht-Figuren, dachte ich.

* * *

Von Sophie hörte und sah ich immer weniger. Wir aßen zwar zusammen bei Tante Ilse, aber da sagten wir kaum ein Wort. Und auf dem Schulweg gingen wir auf getrennten Straßenseiten, wenn wir überhaupt mal zur selben Zeit aus der Schule kamen oder zur Schule gingen. Ich kam nämlich immer öfter zu spät. Aber immerhin hatte ich jetzt jemanden, mit dem ich die Pause verbringen konnte.

Als ich eines Abends im Dezember von der Nachmittagsschule kam, saß Papa am Küchentisch und hatte den Laptop auf den Knien. Ich war ein bisschen überrascht. Normalerweise saß

Papa um diese Uhrzeit im Arbeitszimmer. Und normalerweise lächelte er auch nicht so verwirrt, wenn er mit traurigen Menschen schrieb. Als ich ankam und den Rucksack in die Ecke warf, sah er sehr langsam auf.

»Sara«, sagte er schließlich. »Ich möchte dich etwas fragen.«

Und da wusste ich schon, dass es irgendetwas Blödes war.

Ich setzte mich zu Papa an den Tisch und Papa erklärte mir, dass er »jemanden kennengelernt« habe und ob es in Ordnung sei, wenn derjenige am Sonntag zum Frühstück kommen würde. Und ich antwortete, das sei okay, auch wenn mich die Frage wunderte, weil sonst außer hin und wieder Tante Ilse und Onkel Anders nie jemand sonntags zum Frühstück kam.

Und dann erklärte Papa auch, dass »derjenige« eigentlich eine »diejenige« sei, er sie im Sektenaussteigerforum kennengelernt hatte und echt sehr gern habe.

Ich dachte an Mama. Und an Aschenputtel und die böse Stiefmutter dachte ich auch. Aber immerhin hatte die Aussteigerin keine Kinder, wie Papa erzählte.

Und er habe sie auch schon ein paarmal auf einen Kaffee in der Stadt getroffen und jetzt wolle er mal sehen »ob es wirklich passe mit uns allen«.

Und als er dann auch noch sagte, sie heiße Rosalie und ich würde sie bestimmt auch mögen, beschloss ich, die Frau von den Sektenaussteigern zu hassen.

Später lag ich im Bett. Irgendwie war ich furchtbar traurig, wegen Sophie, die jetzt ihre Lena hatte und wegen Papa, der eine Rosalie kennengelernt hatte und wegen mir, weil ich so alleine war und ein bisschen auch wegen Mama, weil es schön gewesen wäre, wenn sie jetzt da wäre. Und weil alles so bescheuert war, versuchte ich zu weinen, aber es ging nicht. Da bekam ich Angst, ich sei jetzt vielleicht auch zu alt, um weinen zu können, und das machte alles noch viel schlimmer.

Am nächsten Tag erzählte ich dem roten Jungen vom Schulhof von Papa.

»Au Backe«, sagte er mitleidig kauend: »Jetzt kriegst du auch so eine vorgesetzt.«

»Was meinst du?«, fragte ich.

»Meine Mum ist auch weg«, sagte der rote Junge: »Seit drei Jahren. Nur, dass sie nicht tot ist, sondern in ner neuen Familie. Und mein Papa hat jetzt ne Freundin, die mich wie ein Kleinkind behandelt.«

»Meinst du, das ist immer so, dass man dann wie ein Baby behandelt wird?«, wollte ich vom roten Jungen wissen.

»Ich weiß nicht«, erwiderte er nachdenklich kauend: »Bei nem Kumpel wars so, dass der dann immer Bier holen musste, seit seine Mum nen neuen Typen hatte. Es kann auf jeden Fall alles passieren, aber nichts davon ist gut. Vor allem, weil dein Papa auch auf einmal ganz anders sein wird, mit viel weniger Zeit und ganz komischen Hobbys.«

Das klang beunruhigend. Ich saß neben dem roten Jungen und den anderen, ohne Sophie, und bald hätte ich auch keinen Papa mehr, oder nur einen ganz komischen.

Der rote Junge stand auf, trat einen Kreis in den frisch gefallenen Schnee, guckte verlegen an mir vorbei und meinte schließlich: »Wenn du magst, kann ich mitkommen. Dann bist du wenigstens nicht alleine.«

»Papa«, sagte ich am Abend: »Ich muss dich auch was fragen.«

Papa saß am Laptop. Das Bild neben dem Chat zeigte eine Frau mit rotgefärbten Locken.

»Ja?«, fragte Papa und sah überrascht auf.

»Wenn am Samstag deine Sektenaussteigerin kommt, dann will ich auch wen dabeihaben.«

»Klar«, sagte Papa und lächelte: »Sophie kann jederzeit dabei sein.«

»Auf keinen Fall!«, knurrte ich: »Und es ist auch gar nicht Sophie.«

»Sondern?«, fragte Papa verwundert.

»Roter Junge«, sagte ich.

»Wer ist roter Junge?«, fragte Papa lachend: »Ein Indianer?«

»Roter Junge geht mit mir in die Schule«, erklärte ich streng: »Er ist in der Siebten und heißt so, weil er rote Haare hat.«

Papa sah mich verwundert an und ich merkte, wie er mit den Worten rang: »Ist roter Junge – wie heißt er eigentlich wirklich – ist das dein Freund?«

»Ein Freund«, sagte ich streng: »Papa! Und er heißt Matze, aber er hat rote Haare und alle nennen ihn »Roter Junge«. Wenn bei dir Rosalie kommen darf, dann möchte ich roter Junge dabeihaben, in Ordnung?«

Man konnte Papa regelrecht beim Denken zusehen und es tat mir irgendwie leid, weil ich sehen konnte, dass er gerne »Nein« gesagt hätte, aber es dann doch nicht konnte, weil ich ja auch zu seiner Rosalie »Ja« gesagt hatte.

»Ja, klar«, sagte er dann fröhlich: »Bring ihn mit.«

Später saß ich im Zimmer und dachte an Mama. Wenn sie wirklich im Himmel war, dann hätte sie bestimmt etwas dagegen, wenn Papa jetzt wieder jemand Neues kennenlernte. Außerdem wäre ja dann die Frage, mit wem von beiden Papa zusammen sein würde, wenn wir alle tot waren. Und das war so ein Gedanke, der mich zweifeln ließ, ob es wirklich einen Himmel gab.

Als ich mitten in der Nacht noch mal in die Küche ging und mir ein Glas Wasser holte, saß Papa immer noch am Laptop.

»Stell dir vor, meine Tochter hat wohl ihren ersten Freund«, las ich über seine Schulter.

»Sie werden so schnell erwachsen«, hatte die Sektenfrau daruntergeschrieben.

Als ich wieder ins Bett ging, ärgerte ich mich über alle beide.

***

Am Samstagmorgen kam der rote Junge bei uns vorbei. Wir gammelten auf meinem Schlafsofa herum, während Papa das Frühstück vorbereitete und auf die Sektenfrau wartete.

»Aufgeregt?«, fragte der rote Junge.

Ich schüttelte den Kopf.

Der rote Junge wuschelte mir über den Kopf und ich patschte dafür auf seinem Irokesen herum, bis der ganz zermatscht war.

»So muss das aussehen«, sagte der rote Junge.

Dann kamen sich unsere Münder plötzlich ganz nah und der rote Junge drückte mich an sich. Aber als ich mit der Zunge an seiner Zahnspange entlangfuhr, schmeckte ich Krümel und beschloss mit dem Knutschen erst mal noch ein Jahr zu warten.

Es klingelte. Der rote Junge und ich sahen uns an und kicherten. Es dauerte eine Weile, dann rief Papa aus der Küche, dass wir kommen sollten.

»Also los!«, sagte der rote Junge und schlurfte mit hängendem Irokesen voraus in die Küche.

Die Sektenfrau saß neben Papa auf einem unserer Küchenstühle und hatte die Hände in den Schoß gelegt. Ihre roten Locken waren an den Enden ausgefranst, wie angeknabbert. Der rote Junge gab ihr schlaff die Hand und ließ sich auf einen Stuhl plumpsen.

»Ich bin Sara«, sagte ich zur Sektenfrau und gab ihr ebenfalls die Hand.

»Rosalie«, hörte ich sie ganz leise antworten.

Papa stellte Brötchen auf den Tisch und Kaffee.

Der rote Junge riss die Brötchen mit den Händen auseinander und klebte sie mit einer fingerdicken Nutellaschicht wieder zusammen.

»Was habt ihr heute vor?«, fragte ich Papa, weil es sonst so still gewesen wäre.

Papa und die Sektenfrau sahen sich an, sie zuckte die Schultern und Papa schlug vor, dass wir alle zusammen in den Zoo gehen könnten.

Der rote Junge und ich mussten beide gleichzeitig lachen, weil die Sektenaussteigerin längst schon so aussah, als wäre sie im Zoo und wir die Raubtiere.

»Was wollt ihr denn gerne machen?«, fragte Papa beleidigt.

Ich sah roter Junge an.

»Kino«, sagte er und zog ein rotes, nutellaverklebtes Haar aus seinem Brötchen.

»Schön«, sagte Papa: »Was läuft denn?«

»Äktschn«, erwiderte der rote Junge und dabei schoss ein Krümel aus seinem Mund ans Nutellaglas. Roter Junge und ich tranken schlürfend unseren Kakao und die Sektenfrau zuckte zusammen.

»Rosalie arbeitet bei der Krankenkasse als Sachbearbeiterin«, versuchte Papa irgendwie das Gespräch aufrecht zu erhalten.

»Schön«, erwiderte der rote Junge: »Ich bin Krachbearbeiter bei Pachisi.«

»Pachisi?«, fragte Papa ratlos.

»Band«, sagte der rote Junge nur: »Schlagzeuger.«

»Ach so.«

Ich sah roter Junge und Papa an und fand sie beide ungefähr gleich peinlich.

Die Sektenaussteigerin hatte noch gar nichts gesagt. Ihr Brötchen war so sauber in zwei Hälften geschnitten, dass es nicht einmal Krümel gab. Die Butter war so glatt darübergestrichen, dass man sich darin spiegeln konnte.

»Sara, in welche Klasse gehst du denn?«, fragte sie. Eine selten blöde Frage, dachte ich, vor allem für eine, die wahrscheinlich ohnehin alles über mich wusste, sogar, dass ich einen Freund hatte, den es gar nicht gab.

»Fünfte«, sagte ich dann.

Die Sektenaussteigerin nickte und wusste nicht mehr weiter.

»Und was ist dein Lieblingsfach?«, fragte sie nach einer langen Pause.

»Mathe«, sagte ich: »Früher mal. Aber seit ich immer zu spät komme und Herr Maier Kreide frisst, nicht mehr ganz so sehr.«

Die Sektenfrau sah mich ganz komisch an und Papa guckte ebenfalls verwirrt.

»Punkrock sollte ein Fach sein«, ereiferte sich roter Junge, der an seiner Rolle immer mehr Gefallen zu finden schien: »Nee, doch nicht.«

»Wo habt ihr euch eigentlich kennengelernt?«, fragte ich jetzt die Sektenaussteigerin, vielleicht auch ein bisschen, um ihr zu zeigen, wie blöd ihre eigene Frage gewesen war.

»Oh«, sagte die Sektenaussteigerin und als sie es dann erzählte, merkte ich, wie genau sie die Worte zusammensuchte, damit ich es auf jeden Fall verstand: »Dein Papa und ich, wir haben uns im Internet kennengelernt, in einem Forum für Sektenaussteiger. Eine Sekte, das ist so etwas ähnliches wie eine Religion, aber in ganz, ganz streng.«

»Oh«, sagte ich, um der blöden Sektenfrau zu zeigen, dass ich kein Kleinkind war: »Zeugen Jehovas, Scientology, Mormonen oder Jesuiten?«

Die Sektenaussteigerin sah Papa an und dann mich.

»Zeugen«, sagte sie dann leise.

»Ich versteh nicht, warum jemand zu so nem Club geht«, rief der rote Junge: »Gott und der ganze Bullshit und Regeln. Wie dumm kann man sein.«

Papa und die Sektenfrau sahen roter Junge an. Papa stieß dabei aus Versehen gegen das Brötchenmesser, es fiel auf den Boden, ohne dass er danach guckte. Die Sektenfrau bückte sich. Roter Junge biss seelenruhig in sein Brötchen, Papa und ich sahen uns über den Tisch an und in seinem Blick lag etwas, was ich noch nie darin gesehen hatte.

»Wir gehen dann mal los«, sagte ich und fasste roter Junge am Kragen. Wir waren aus der Tür, noch bevor die Sektenfrau wieder unter dem Tisch hervorgekommen war.

Roter Junge saß auf meinem Schlafsofa und grinste mit vollen Backen. Er kaute heftig und schluckte.

»Die kommt nicht mehr«, sagte er: »Hab ichs gut gemacht?«

»Zu gut«, erwiderte ich.

»Besser als gut geht nicht«, protestierte der rote Junge.

»Oh doch, das geht.«

Roter Junge sah mich an und schien zu begreifen, dass etwas anders war.

»Soll ich gehen?«, fragte er.

»Ja«, erwiderte ich: »Aber mit mir. Ich kann da jetzt nicht zurück.«

Roter Junge nickte ernst. Ich zog meinen Mantel an und er seine Parka. Wir gingen, aber nicht ins Kino, sondern einfach durchs Dorf. Schnee fiel, es war bitterkalt, aber ich wusste, ich konnte so nicht nach Hause. Nicht, solange diese Frau da war und nicht, solange Papa diesen Blick hatte.

Roter Junge strich mit dem Finger über die Dächer der Autos und malte Anarchiezeichen in den Schnee. Ich stand daneben. Wir schwiegen.

»Tut mir leid«, sagte roter Junge plötzlich: »Falls das zu viel war.«

Ich nickte.

»Ich geh dann mal besser«, sagte der rote Junge: »Wir sehen uns in der Pause.«

Dann stapfte er durch den Schnee davon und ich wusste in dem Moment, dass ich alle verloren hatte, Mama, Papa, Sophie und roter Junge. Alle Menschen, die ich gemocht hatte und die irgendwann einmal mich gemocht hatten.

Langsam wurde es dunkel. Der Schnee fiel immer dichter und ich ging immer weiter, bis kaum noch Häuser da waren und dann weiter, an der Landstraße entlang. Der Himmel wurde erst grau, dann schwarz und der Schnee so tief, dass es immer anstrengender wurde, den Fuß herauszuziehen. Das durchgestrichene Ortsschild tauchte auf.

Ich ging immer weiter, einfach geradeaus, denn beim Gedanken an den Weg zurück war mir so übel, dass ich mich am liebsten in den Schnee gelegt hätte. Es war wenig los auf der Straße, denn es war der Abend vor dem zweiten Advent. Morgen würden überall in den Wohnzimmern die Kerzen brennen und ich wäre vielleicht noch immer auf dem Weg.

Bestimmt machte Papa sich Sorgen. Und Tante Ilse. Vielleicht sogar die blöde Sophie. Aber ich würde nicht zurückkommen. Sophie hatte ja ihre Lena und Papa seine Rosalie. Höchstens roter Junge konnte ich vielleicht noch besuchen, heimlich, in der Pause.

Ein paar vereinzelte Autos fuhren vorbei. Ich wusste nicht, ob sie mich sahen. Ich ging dicht an der Straße, aber mit meinem schwarzen Mantel unter den kahlen Ästen sah ich selbst aus wie ein Baumstumpf.

Würde mich sonst jemand vermissen? Petra und Jacqueline sicher nicht. Herr Maier vielleicht. Er würde sich ärgern und meinen Namen ins Klassenbuch eintragen. Aber sonst? Vielleicht Tante Ilse und Onkel Anders. Bei dem Gedanken fühlte ich einen leichten Stich. Beide waren immer nett gewesen. Aber sie gehörten ja zu Sophie und Sophie war eben doch ein bisschen mehr ihre Tochter als ich. Und Nico würde zwar weinen, wenn ich irgendwo im Schnee verloren ginge, aber Nico weinte ja auch, wenn man ihm Pizza mit Salami versprach und es dann doch nur die mit Schinken gab.

Wieder hörte ich ein Auto. Der Schnee spritzte und das Auto zischte an mir vorbei. Aber plötzlich bremste es und hielt ein Stück vor mir am Straßenrand. Jemand stieg aus. Für einen Moment überlegte ich davonzurennen, aber meine Gedanken waren genauso schwer wie meine Füße, also ging ich einfach geradeaus.

»Sara!«, rief jemand und rannte auf mich zu. Er hatte Papas Mantel an und denselben blaukarierten Schal.
»Sara!«, rief Papa: »Was machst du hier?«
Ich sah ihn an und konnte nichts sagen. Die Worte waren nach dem langen Weg in meinem Kopf festgewachsen und wollten nicht mehr hinaus.
Papa legte den Arm um mich und schob mich zum Auto. Ich spähte hinein. Die Sektenfrau war nicht darin.
Papa hielt mir die Autotür auf und holte mir vom Rücksitz die grüne Decke, in die Sophie und ich uns schon als Kinder immer auf Autofahrten eingewickelt hatten.

Ich dachte an roter Junge und Papas entsetztes Gesicht beim Frühstück und schämte mich. Aber Papa fragte nicht danach.
»Habt ihr euch gestritten, der Junge und du?«, erkundigte er sich. Ich schüttelte den Kopf.
»Aber du und Sophie?«
»Sophie ist eine blöde Kuh«, erwiderte ich nur, aber selbst das klang halbherzig.

Papa nickte, aber ich glaube, er tat das nur, um mir zu zeigen, dass er mir zuhörte, nicht, weil er das auch wirklich von Sophie dachte.

»Warum hast du mir nichts davon erzählt?«, fragte er schließlich: »Ilse ist auch losgefahren und Sophie hat große Angst.«

Als Papa das sagte, ärgerte ich mich. Bestimmt hatte Sophie wirklich Angst, aber sie würde auch ein wenig Aufregung dabei spüren. Und wenn ich dann tatsächlich wiederkam, dann konnte sie am nächsten Tag Lena anrufen und ihr die ungeheuerliche Geschichte erzählen, wie ihre Cousine einfach weggelaufen sei.

Ich konnte Papa nicht antworten.

»Warum hast du mir nie etwas erzählt?«, fragte Papa und irgendwas an seiner Frage machte mich wieder wütend.

»Weil du auch wieder nur mit Tante Ilse geredet hättest und Tante Ilse mit Sophie. Weil du immer über alles reden willst und dann ist alles wieder gut.«

»Sara«, sagte Papa nur.

»Aber es ist dann nicht gut«, rief ich. Die Worte brachen jetzt doch hervor: »Es ist ja dann trotzdem alles passiert. Und wieso soll ich es dir erzählen, wenn du auch nur einfach darüber reden kannst? Du kannst immer nur reden, aber das hilft mir doch nicht, wenn Sophie grob zu mir ist und in meiner Klasse niemand mit mir reden will.«

Papa schwieg lange. »Als ich losgefahren bin, hatte ich Angst, dass du nicht mehr zurückkommst«, sagte er dann. Es wurde kalt und still im Auto bei den Worten.

»Ich wollte auch nicht mehr zurück«, antwortete ich leise, »ich wollte überhaupt nichts mehr.«

Papa sah mich über den Rückspiegel an. »Ingrid hat das auch gesagt, wenn es ihr nicht gut ging«, sagte er.

Ich dachte an Mama und das Foto, das auf meinem Nachttisch stand. Mama, die lieb und klug guckte – und traurig. Und plötzlich schnitt mir ein Gefühl in den Magen, noch bevor ich den Gedanken dazu in meinem Kopf fand. Ich sah zu Papa, aber er schaute mich nicht an, und ich begriff, dass hinter ganzen Geschichte mit Mama, die aus dem Fenster gefallen war, etwas anderes steckte. Ich wusste auf einmal, dass es eine Traurigkeit gab, die so groß war, dass man aus nichts anderem mehr bestand und nichts anderes mehr sehen konnte.

»Warum hast du mir das nie gesagt?«, fragte ich: »Du nicht und Tante Ilse auch nicht?«

»Wir dachten, du würdest das noch nicht verstehen. Und ich hatte Angst, dass ich dich …«, Papa stockte: »Dass ich dich auch so verlieren könnte.« Seine Wangen waren ganz schmal und glänzten feucht.

»Weil ich auch aus einem Fenster springen könnte?«, fragte ich. Es klang neu und fremd und viel härter, als ich es wollte.

Papa schwieg und Kälte kroch vom Boden in meine Zehen. Die Schneeflocken blieben auf der Scheibe liegen. Draußen war es dunkel, drinnen war nur das Orange der Uhrziffern.

»Du hast gesagt, dass du nicht mehr zurückkommen wolltest«, sagte Papa schließlich.

Flocken fielen und man sah die Straße nicht mehr. Der Schnee lag bläulich über uns. Was, wenn es nun ewig so weiter schneien

würde? Dann wäre am Schluss nicht mehr nur ich verschwunden, sondern wir alle beide und niemand würde uns mehr finden unter der weißen Decke.
Aber ich wollte nicht verschwinden. Ich wollte nicht weg sein. Ich wollte nur, dass alles wieder gut würde. Und damit es gut würde, musste man wiederkommen.

»Wahrscheinlich wäre ich trotzdem zurückgekommen«, sagte ich.

Langsam wurde selbst die grüne Decke kalt. Papas Traurigkeit tat mir gut. Es tat gut zu wissen, dass es jemanden gab, der mich vermissen würde, wenn ich nicht mehr da wäre. Ob da nun eine Rosalie war oder nicht, das würde sich nicht ändern. Und es tat gut, selbst jemanden trösten zu können.

»Ich wäre auf jeden Fall zurückgekommen«, versicherte ich und wusste, dass das ein Satz war, der immer gelten würde.

Papa sah zu mir hinüber.

Wir fuhren wieder los. Der Scheibenwischer schob den Schnee vom Fenster. Ich lehnte den Kopf an die Scheibe. Vor dem schwarzen Himmel fegte der Fahrtwind die Flocken vorbei. Ich malte in meinen Atem.

SIMON BROMBACHER

Der Fall des Ikarus

Ich wusste nicht, dass die Welt sich krümmt! Und je höher ich komme, desto kleiner wird alles und der Horizont biegt sich mehr und mehr, sodass ich nicht mehr weiß, wo das enden soll. Vater, du bist da unter mir, du siehst mich gar nicht, sondern schlägst geschmeidig die Flügel und jetzt erst merke ich, dass du schneller bist als ich. Ich bin doch jung! Ein Witz, wenn ich nicht kräftiger wäre als du. Wenn ich die Flügel anlege, dann falle ich fast, aber so schnell, dass ich schon wieder neben dir bin, an dir vorbei und ich lasse dich zurück. Gefalle ich dir mit meinem Können?

Dieses Rauschen der Luft an den Ohren, es erinnert mich an den starken Wind, von dem ich mich früher gerne habe packen lassen. Ob er es schaffen würde, mich fortzutragen? Wenn ja, wohin? Wenn ich auf einem Felsen stand, was war das für ein beeindruckendes Gefühl, fast über die Kante gedrückt zu werden, aber doch dem Wind überlegen zu sein, ihn zu beherrschen und ihn an mir zerbrechen zu lassen.

Oh, ich bin schon wieder so weit oben? Ein Flug im Kreis, weil ich dich aus den Augen verloren habe. Wo? Wo? Da! Umfunkelt vom Glitzern des Wassers. Aber selbst, wenn – ich würde auch alleine eine Küste finden. Siehst du mich überhaupt? Siehst du nicht, dass ich mehr tun kann, als du dachtest? Du bist zu vorsichtig! Warum hast du nicht die Flügel größer gemacht? Warum nicht? Wir könnten längst überall sein! Diese kleinen Flügel strengen an.

Wie kannst du Weisungen geben, wenn du noch nie in der Luft warst? Dann haben wir das gleiche Wissen und ich sage: es geht mehr. Fallen und sterben wir nicht eher, weil wir langsam sind, ohne kraftgebendes Ziel vor Augen? Wir ermatten noch, erlahmen dann und das wäre der Tod. Wenn ich nur die Küste sähe, ich hätte wieder volle Kraft. Ich hoffe, du hältst durch, du bist nicht mehr so stark, wie ich es jetzt bin.

Höher, höher! Wie ich sagte, du weißt doch nichts über das Fliegen und ich lerne jetzt, damit du von mir lernen kannst! Deine Vorsicht ist übertrieben, glaubst du nicht? Diese Hitze, ist dir nicht klar, dass sie von der Anstrengung kommt? Der Horizont biegt und biegt sich. Wo bleibt das Land? Gleich muss es auftauchen. Gleich.

Warum sind die Arme plötzlich so leicht? Oh nein, meine Flügel! Vater! Er hört mich durch das Rauschen nicht, ich höre selbst nichts mehr durch den Lärm! Vater! Du hast zu wenig Wachs benutzt, zu wenig Federn! Ich falle. Ich falle! Alles dreht sich. Hilfe! Vater, warum flogen wir heute? Die Sonne brennt doch! Warum hast du nicht auf Wolken oder Winter gewartet! Warum!? Dann wäre al–

SIMON BROMBACHER

Die Betenden

Es war von Vorteil, dass der Wahnsinn in Alberts Familie lag. Zumindest wurden seine Großeltern Siegmund und Carolina als wahnsinnig bezeichnet, wenn man sich auch nur kurz den Gerüchten im Dorf hingab. Dunkle Magie, lebendige Opfergaben, Pakte und Dinge mit dem Teufel, all das und all das in wirren Sprachen und Zeichen. Die Gerüchte spannen sich immer weiter und weiter, bis keiner mehr wusste, was wahr war und was nicht. Am Ende war nur wichtig, dass dieser Glaube unerschütterlich gefestigt war. Alberts Großeltern zogen sich zurück und blieben fast durchgehend in ihrem großen Haus. Er selbst dachte nicht, dass sie wahnsinnig waren, sie erschienen ihm selbst nicht so.

Jetzt, knapp vor der Jahrhundertwende, die sie gerne noch erlebt hätten, waren sie beide tot. Gestorben unter unerklärlichen Umständen. Als sie in ihrem Wohnzimmer gefunden wurden, saßen sie wie zum Gebet nebeneinander auf dem Boden und vor sich hatten sie jeweils ein kleines Figürchen aus Stein aufgestellt.

Weil es kein Testament gab, ging der gesamte Besitz der Großeltern an den einzigen, der übrig blieb: Alberts Vater. Und der Vorteil lag darin, dass Albert somit Zugang zur Quelle des Wahnsinns hatte. Er konnte herausfinden, ob es stimmte, was gesagt wurde.

Das hatte er sich fest vorgenommen, weil er sich verpflichtet fühlte, die Familie zu verteidigen, aber auch, weil er ein grundsätzliches Interesse am Leben Siegmunds und Carolinas hatte. Der Umstand, dass er ihnen so selten begegnet war, hatte sie zu einer Art Mysterium erhoben.

So stand er an dem Tag, an dem das Haus seiner Großeltern ausgeräumt wurde, in der kleinen Bibliothek im ersten Stock, die ihm von allem am meisten gefiel und die das einzige war, mit dem er etwas anzufangen wusste.

Schon nach kurzem Durchblättern der Bücher und Stöbern in den Regalen sah er, dass die Gemeinde zwar nicht unbedingt recht hatte mit ihren Gerüchten, sie aber auf einem wahren Kern aufbauten. Denn Albert hatte Bücher vor sich, die von der Dunkelheit sprachen. Von Welten und Dämonen und Schlimmerem.

Eines dieser Bücher fiel ihm besonders ins Auge. Es ruhte auf einem purpurnen Tuch auf einem Podest an der Wand. Albert verlor sich sehr schnell in den Seiten über die Ausweitung des menschlichen Bewusstseins, bizarre Religionen und die Mächte hinter allem. Das eigenartige Ritual, dem der Großteil des Inhalts gewidmet war und das ausführlich geschildert wurde, ließ ihn nicht mehr los. Es sollte den Durchgang von einer Realität in eine andere öffnen, die man betreten konnte – oder verlassen. Albert sah sich im Raum um, versicherte sich, dass er allein war, und verstaute das Buch in seiner großen Tragetasche.

Die nächsten Tage saß er tief über das Buch gebeugt und studierte es. Er konnte sich nicht davon losreißen und blätterte hin und her, manchmal so schnell, dass er sich selbst zügeln musste. Das Ritual stand ihm die ganze Zeit vor Augen. Es schien möglich zu sein. Er kannte die Aegspitze, den höchsten Gipfel im Land, der aber weniger zu einem Berg als zu einem felsigen Hügel gehörte. Dort, ganz oben, musste es durchgeführt werden. Er hatte auch bei der nächsten Gelegenheit die Steinplatte an sich genommen, auf der das Buch im Haus seiner Großeltern geruht hatte und die als Altar verwendet werden musste. Außerdem das purpurne Vlies, das darunterlag. Den Rest der für die Beschwörung nötigen Dinge besorgte er noch und es war nicht viel: Walölkerzen, Räucherwerk, Seewasser und grobes Salz.

Albert verriet niemandem etwas. Gerne hätte er Hilfe gehabt, denn die Steinplatte konnte er nur mit Mühe buckeln. Aber er traute es sich zu und so erklomm er, noch vor Anbruch des Morgens und mit einer Lampe ausgerüstet, die Aegspitze. Das Buch hatte er zuhause auf dem Schreibtisch gelassen. Den Inhalt hatte er sich so genau eingeprägt, dass er es nicht mehr brauchte. Ein Brief lag auf der ersten Seite, für den Fall der Fälle.

Der Aufstieg dauerte Stunden und als Albert endlich ankam, fühlte er sich bis auf das Letzte ausgezehrt. Aber er riss sich zusammen, wollte keine weitere Zeit mehr verschwenden. So sah er noch einmal zur Sonne hin, die sich gerade erst über dem Horizont zu zeigen begann. Vor ihm lag das von Tiefnebeln verhangene Land und Albert spürte kurze Zweifel aufglimmen. Wusste er überhaupt genau, auf was er sich eingelassen hatte? Eine Welle der Zuversicht trieb seinen Blick weg von der Welt und auf sein Vorhaben. Weil er zuhause schon geübt hatte, ging der Aufbau des kleinen Altars schnell vonstatten. Die Steinplatte lag da, als gehöre sie hierher; darauf, zusammengefaltet, das Tuch. Um beides war ein Dreieck aus Salz gestreut. Die Kerzen flackerten in einer leichten Brise.

Albert begann das Ritual mit der Rezitation eines Spruches in einer fremden Sprache. Mit dem Räucherwerk zog er Symbole vor sich in die Luft und dann über sich. Am Ende, als alle Teile zu einem Ganzen zusammenliefen, öffnete er das Tuch und goss andächtig das Wasser auf den alten Stoff. Dann ließ er ein wenig Salz auf das nasse Tuch fallen. Mit einem letzten Murmeln war der Spruch beendet und die Stille kehrte zurück.

Albert atmete nur. Enttäuschung regte sich in ihm, als nichts geschah. Ein Regentropfen fiel auf seine Stirn. Er öffnete langsam die Augen und weißliche runde Wolken erstreckten sich bis in die Ferne. Wo aber kam dann der Regentropfen her, wunderte er sich. Albert wandte den Kopf nach oben und erkannte, dass der Himmel keiner mehr war, sondern ein Meer, das umgedreht über ihm hing. Er sah es, und in dem Moment, als sein Verstand dieses Bild aufgenommen hatte, begann er nach oben zu fallen. Die Luft rauschte an seinen Ohren vorbei, die Aegspitze und das Land darunter entfernten sich immer schneller und weiter und Albert schrie und wurde wild gedreht. Er fiel und fiel, heftig mit den Armen rudernd, auf das Wasser zu, das schweigsam seinen Aufprall erwartete. Ihm wurde schwarz vor Augen.

Doch nichts geschah. Es war, als würde ihn ein Schatten einbetten und auffangen, unfühlbar, als hätte ihn nichts berührt. Albert kehrte aus einem Dunkel zurück und fand sich aufrecht, auf seinen Füßen stehend wieder. An das Ende des Falls erinnerte er sich nicht. Als ihn der Schreck des Erlebten überholte, knickte er ein und sank auf die Knie. Er spürte Wasser an seinen Handflächen und dass die Hosenbeine nass wurden. Unter ihm spiegelte sich sein eigenes Gesicht. Ein Blick nach vorne offenbarte ihm eine leere Weite und auch, dass er sich auf dem Meer befinden musste, das er zuvor über sich gesehen hatte. Wie, das wusste er nicht. Aber jetzt war es nicht mehr aufgerieben wie zuvor, sondern unnatürlich ruhig, glatt sogar, wie ein See, der nur von kleinen Bewegungen oder Steinwürfen belebt wurde. Albert raffte sich auf und nahm mit einem tiefen Atemzug den Geruch von Salz und Tang wahr. Er befand sich auf festem Grund, obwohl er auf einer Oberfläche aus Wasser stand. Nachdem sich seine Angst gelegt hatte, bei einem neuen Schritt einzubrechen und im Dunkel zu versinken, ging er ein paar weitere Schritte und jeder ließ Ringe entstehen, die sich lautlos ausbreiteten. Dabei fiel ihm auf, dass es keine Geräusche gab, außer denen, die er selbst verursachte. Nur das leise Plätschern beim Gehen. Um ihn herum lag ein weißer, feiner Nebel, der ihm schon nach kurzer Distanz die Sicht versperrte. Über ihm war zu seinem Schreck kein Berg mehr zu sehen, sondern nur Weiß. Nur manchmal meinte er, im Nebel sich bewegende Schatten zu sehen. Dass sie äußerst schnell und groß waren, beunruhigte ihn, aber er wollte sich nicht von Angst überkommen lassen. Also stand er reglos da und dachte nach.

Wo war er? Was auf der Aegspitze geschehen war, war erfolgreich und es hatte ihn hierhergebracht. Das sandte eine Freude durch seinen Körper und er fühlte sich plötzlich nicht mehr so fremd wie gerade eben noch. Wenn es vielleicht einen bestimmten Zweck hatte, an diesem Ort zu sein, dann würde nichts Schlimmes geschehen, dachte er sich und als wieder ein Schatten vorbeiflog, schauderte er nur noch ein wenig. Am dringendsten war jedoch die Frage, wohin er nun gehen solle. Rundherum war alles gleich. Wasser und Nebel. Albert überlegte nicht lange und ging einfach in eine unbestimmte Richtung los. Für ihn war es sinnlos, zu lange nachzudenken, wenn es keine Anhaltspunkte für eine logische Schlussfolgerung gab. Und so ging er, nicht zu langsam, aber auch nicht zu schnell. Die Ringe, die er hinter sich ließ, faszinierten ihn. Manchmal blieb er stehen, drehte sich um und beobachtete, wie sie sich ausbreiteten und vergingen.

Irgendwann begann er sich zu fragen, ob er überhaupt irgendein Ziel erreichen würde. Gerade als er aus diesen Gedanken auftauchte, sah er zwei der Schatten vor sich im Nebel auftauchen. Sie waren groß, wie graue Türme, und hatten die Umrisse von Menschen. Albert hielt inne. Die Gestalten blieben stehen und er glaubte Blicke auf sich zu spüren. Dann hob einer der Schatten langsam den linken Arm und wies Albert eine Richtung. Der Ton zweier schwerfälliger Glockenschläge rollte von dort heran. Dann sank der Arm wieder herab und die Gestalt blieb reglos. Albert wusste nicht, was genau er tun sollte, deshalb begann er der angegebenen Richtung zu folgen. Irgendwo dort musste schließlich diese Glocke sein und dann konnte er vielleicht auch mehr über diesen Ort herausfinden. Als Albert sich in Bewegung setzte, taten es ihm die Schatten gleich. Sie zogen sich zurück in den Nebel und verschwanden im Weiß. Trotzdem fühlte sich Albert beobachtet.

Plötzlich zog unter ihm, viel zu nah, ein langer Schemen entlang. Es geschah so schnell, dass Albert von Panik übermannt wurde und vorwärts rannte, bevor er sich zur Ruhe zwang. Er fragte sich, ob etwas hinter ihm her war. Nein, das war nicht möglich. Man hätte ihn schon längst angreifen oder überwältigen können. Trotz allem war ihm jetzt unbehaglicher, er beschleunigte seinen Gang und drang tiefer in den Nebel vor.

Zumindest schien es ihm so, obwohl das Weiß immer den gleichen Abstand zu ihm hielt.

Keiner der Schatten ließ sich mehr blicken, obwohl Albert manchmal in den Nebel stierte, unabsehbar tief. Auch die Glocke schwieg.

Seine Beine wurden schwerer. Mittlerweile fragte er sich, was er sich eingebracht hatte. Vielleicht war das Ritual nur eine Falle, ein Trick gewesen. Die Bedeutung dafür kannte er jedoch nicht, wenn es überhaupt eine gab. Albert wäre immerhin nicht der einzige gewesen, dem das Buch in die Hände hätte fallen können.

Erst als er den Kopf seit langer Zeit wieder hob, sah er etwas im Nebel: einen kleinen gelben Schein. Seine Erschöpfung vergessend rannte Albert los und schon gleich sah er, dass die Farbe von einer kurzen, breiten Kerze stammte, die in einer kleinen Porzellanschale auf dem Wasser ruhte. Das musste bedeuten, dass jemand das Licht entzündet hatte, schloss Albert daraus. Mit neu aufblühender Hoffnung, fast schon blanker Erwartung, jemanden an diesem Ort anzutreffen, setzte er seinen Weg fort und je weiter er ging, desto mehr Lichter kamen zum Vorschein. Sie standen überall verteilt, auch in der Ferne waren sie gerade noch zu erkennen. Irgendwann waren es so viele, dass kaum noch Wasser zu sehen war. Jetzt glomm ein Lichtermeer um ihn, das einen freien Pfad in die Richtung bildete, in der Albert gehen wollte. Albert musste unwillkürlich lächeln, weil diese Veränderung nur etwas Gutes bedeuten konnte. Für einen Augenblick kamen ihm die Schatten wieder in den Sinn und er schritt zwischen den Lichtern entlang.

Dann verdunkelte sich der Nebel, der jetzt golden schimmerte. Ein regloses, gleichmäßiges Grau erhob sich vor Albert.

Den Blick nach oben geheftet, merkte er zunächst nicht, dass er plötzlich nicht mehr auf dem Wasser, sondern auf Steinplatten lief. Mehr noch überraschte ihn, dass er angekommen war. Vor ihm stand, verfallen aber stolz, die Ruine eines Gebäudes, das einmal ein Tempel gewesen sein musste. Ein Turm überragte ihn, worin die Glocke hängen musste, die er gehört hatte.

Albert befühlte den Boden. Glatt geschliffene Vierecke aus Granit bildeten einen Vorplatz, geformt wie ein streng zulaufendes Dreieck. An dessen Spitze, wie Albert erkannte, mündete der dünne Pfad, von dem er eben gekommen war. Etwas schien ihn also zu erwarten. Es konnte kein Zufall sein, dass er genau auf diesen Weg gestoßen war. Während er nachdenklich über den Platz ging und sich einem großen Tor näherte, das keine Türflügel hatte, sondern einfach in einen Schatten führte, verspürte er plötzlich ein altbekanntes Gefühl in der Brust: Heimat. Es war dasselbe, wie wenn er nach einer langen Reise wieder in sein Dorf zurückkehrte, sein Haus betrat und letztlich im Sessel bei einer Tasse Tee saß. Ja, dachte er sich, das war es. Und das verlieh ihm Zuversicht oder Vertrauen, er wusste es nicht ganz einzuschätzen. Mit festerem Schritt ging er voran, hinein in eine dunkle Halle, die sich weit über ihm erstreckte. Selbst ein leises Pfeifen seinerseits verursachte ein Echo. Seine Schuhsohlen klackten in einem langsamen, aber gleichmäßigen Rhythmus. Wenn jemand hier wäre – er dachte an denjenigen, der die Kerzen entzündet haben musste – dann würde er jetzt von Alberts Anwesenheit wissen. Aber nichts regte sich. Nur die Schuhsohlen ließen Leben in die Halle zurückkehren.

Albert schaute sich so viel wie möglich um. Es gab keine Einrichtung, keine Bilder, keine Teppiche, gar nichts. Steinsäulen ragten auf wie dürre Türme. Selbst mit zusammengekniffenen

Augen vermochte er die Decke nicht klar auszumachen, Schatten hatten sich darunter niedergelassen. Gänsehaut überkam ihn auf einmal. Hatte sich dort etwas Dunkles im Dunkel bewegt? Vorsichtshalber wich er zurück, aber es geschah nichts. Einen erleichterten Seufzer ausstoßend, widmete sich Albert dann einem Relief, das sich um die Sockel der einzelnen Säulen zog. Im Halblicht, das von außen hereinschien, konnte er gerade so erkennen, dass ihm keines der Symbole und Ornamente bekannt vorkam. Er erinnert sich aber an manche der Bücher in der kleinen Bibliothek, die in fremden, unbekannten Sprachen verfasst waren, und letztlich an das Manifest, aus dem er das Ritual entnommen hatte. Vielleicht war diese Ähnlichkeit kein Zufall. Vielleicht, zog er in Betracht, stammten die Bücher sogar von hier. Diese Vermutung ließ ihn sich aufrichten. Waren seine Großeltern hier gewesen? Hatten sie vielleicht etwas mit in die ihm bekannte Welt gebracht? Albert wurde von dem herrschenden Trieb erfüllt, diese Ruine vollständig zu erforschen und herauszufinden, was hinter dem Geheimnis seiner Großeltern steckte. Er hoffte, eine Erklärung für ihren gemeinsamen Tod zu finden.

Albert glaubte, plötzlich gehört zu haben, wie sein Name gesprochen wurde. Er fuhr zusammen und die Knie gaben nach. Aber es gab kein Echo, niemand hatte etwas gesagt. Sitzend atmete er tief durch und ihm fiel ein, dass intensive Stille die Ohren Dingen hören ließ, die es gar nicht gab. Vielleicht wäre es besser, weiterzugehen, ermutigte er sich. Weil es so oder so nichts mehr zu finden gab, eilte er an das Ende der Halle. Dort stieß er auf einen niederen Sockel, so hoch wie eine zu hohe Stufe. Darauf stand, gerade noch zu erkennen, etwas wie ein Altar in der Form eines bloßen, nicht beschlagenen Steinbrockens, eigenartig in seinem Wuchs. Albert konnte ihn nicht vollständig erfassen. Er musste länglich sein und aus vielen dünnen Schichten bestehen. Er ging näher heran und befühlte die Oberfläche. Er war ein wenig warm. Mit den Fingern strich er an ihm entlang. Wenn es ein Altar war, für was war er dann? Weitere Rituale?

Er ließ den Brocken zurück, als er nicht herausfinden konnte, was sein Zweck war. Er betrat einen kurzen Gang, der in einem sehr viel kleineren Raum, als es die Halle war, endete. Ein letzter Lichtschein drang noch herein. Vor Albert befand sich ein Loch im Boden und an den Seiten – es schien sich um ein Pentagon zu handeln – führten Treppen in unterschiedliche Richtungen. Albert stand vor der Wahl, eine der Treppen zu nehmen und nicht zu wissen, wo er herauskommen würde, oder hier zu bleiben. Er sah auf das Loch, trat einen vorsichtigen Schritt näher und warf einen Blick über den Rand. Unter ihm lag tiefste Schwärze. Es schien ihm, als blicke sie ihm entgegen. Wie ein Lebewesen, das wartete und beobachtete. Noch bevor er sich davon abwenden konnte, sich geradezu losreißen musste, vernahm er ein weiteres Geräusch. Ein weit entferntes Klicken. Einmal. Dann zweimal direkt nacheinander. Und nach einer kurzen Pause noch einmal. Albert standen die Nackenhaare zu Berge. Dieses Mal hatte er sich nicht getäuscht, er hatte es wirklich gehört. Das Klicken wiederholte sich, etwas leiser, als habe sich die Quelle wegbewegt. Das Geräusch drang aus der Tiefe des Lochs zu ihm herauf. Doch Albert konnte nichts sehen außer der Dunkelheit.

Er spüre eine leichte Nervosität in sich aufsteigen. Sollte er versuchen die Treppen hinaufzusteigen, wo auch immer er herauskommen würde? Oder war dieses Geräusch an ihn gerichtet? Albert hatte einen ungewöhnlichen Gedanken: Was wäre, wenn er in das Loch springen würde? Es war verrückt, aber etwas lockte ihn. Könnte es nicht sein, dachte er sich, dass er hier sein sollte? Dass jemand wollte, dass er hier war? Er war schließlich schon gefallen, nach oben, und er hatte keine noch so kleine Verletzung. Es musste so sein, dass ihm das Klicken von dort unten eine Richtung wies, so wie die Schatten zuvor. Was sonst wäre der Sinn davon?

Ein weiterer Ton hinter ihm unterbrach ihn. Hastig drehte er sich um. Eine Handbreit entfernt starrte ihm ein fremdes Gesicht direkt in die Augen. Albert reagierte reflexartig, wich zurück und trat über den Rand des Lochs. Plötzlich fiel er, hinein in das Dunkel.

Er wachte auf. Schweiß perlte von seiner Stirn. Albert lag auf etwas Weichem, Moos, wie er mit der Hand ertastete. Wie schon zuvor konnte er sich nicht an einen Aufprall erinnern. Über sich sah er das untere Ende des Lochs, durch das er gestürzt war. Mühsam kam er auf die Füße und spürte eine schwere Müdigkeit. Wo befand er sich jetzt? Absolute Stille. Ein Lichtschein erhellte eine Kammer, in deren hinteren Ende er stand. Wo das Licht herkam, konnte er nicht bestimmen. Es war einfach da. Genauso wie die Berge von Büchern, die an den Wänden lehnten. Vorsichtig streifte er herum, sah auf die Titel und verstand nichts, denn alle waren in einer der fremden Sprachen geschrieben, die ihn erneut, aber sehr viel stärker, an die Bibliothek seiner Großeltern erinnerten.

Die Kammer war lang und schien sich nach links und rechts und oben auszuweiten. War das vielleicht auch eine Bibliothek? Während Albert zur Decke sehend weiterging, stieß er plötzlich seinen Fuß an etwas Festem an. Er hatte ein kleines Figürchen umgeworfen, das vor ihm auf dem Boden gestanden hatte. Bei näherem Hinsehen schauderte er. Offenbar stellte es eine betende Figur dar – es war unkenntlich, ob es eine Frau oder ein Mann sein sollte. Die Form war grob und wie in Eile gemacht. Wo der Kopf sein sollte, war nur eine geschliffene, übermäßig große Masse zu sehen, und das war, was ihm beinahe schon Angst machte. Schnell stellte er das Ding wieder hin und ging weiter – bis er eine zweite Statue fand. Und eine dritte. Je weiter er ging, desto mehr von ihnen sah er. Sie erinnerten ihn an die vielen Kerzen oben auf dem Wasser, aber keinesfalls schön. Die Figürchen waren auf das andere Ende des Raums ausgerichtet und überall verteilt. Sie schienen etwas Unbekanntes anzubeten. Dieses Mal gab es keinen Pfad für Albert. Er bahnte sich seinen Weg, denn eine Umkehr war sinnlos.

Dann hörte er das Raunen. Ein kurz anhaltender, tiefer Ton, der sich regelmäßig wiederholte. Albert erinnerte sich an das Gesicht von zuvor, machte aus Angst vor einem weiteren Hinterhalt einen Satz nach vorne und drehte sich wirbelte herum. Nichts. Sein Atem ging schwer. Was hatte das alles zu bedeuten? Warum wurde er allein gelassen, wo er doch hier sein sollte? War denn niemand hier?

Es blieb ihm nichts anderes übrig, als dem Raunen entgegenzugehen. Nichts zeigte sich, von dem das Klicken stammen könnte. Das Raunen wurde lauter, irgendwann gesellte sich ein dürres Wispern dazu und schließlich ein Brummen und Stampfen, als arbeite eine Maschine in der Tiefe.

Und dort war die Tür. Einsam in die Wand eingelassen, die sich zu beiden Seiten erstreckte. Die Geräusche drangen hinter ihr hervor. Albert zögerte. Die Tür war silbern und aus Metall, leicht nach innen gewölbt. Über ihre Oberfläche zog sich ein

Muster von dunklen Flecken, die sich scheinbar eingebrannt hatten und dessen Logik er nicht nachvollziehen konnte. Sie wirkten wie Ornamente. Albert fühlte sich abgestoßen, gleichzeitig so neugierig wie noch nie. Er wollte, er musste sogar, die Tür öffnen und sehen, was dahinterlag. Das Stampfen schien zuzunehmen, als er diesen Gedanken hatte und die Fingerspitzen auf sie legte. Darum war er hier, oder nicht? Das Buch, das Ritual, es hatte ihn an diesen Ort geleitet. Und hinter der Tür lag der Grund dafür. Albert hatte keine Zweifel, es wurde ihm nun alles deutlich. Er warf einen letzten Blick auf die Figürchen, die alle auf die Tür ausgerichtet waren. Dann stemmte er sich gegen das kühle Metall und schob sie mühevoll auf.

Ein ihm altbekannter Geruch strömte ihm entgegen. Albert war überrascht, als er sah, auf was er gestoßen war. Er ging in den Raum hinein und ließ die Tür los. Mit einem dumpfen Schnappen schloss sie sich hinter ihm.

Als die zwei Wanderer die Aegspitze erstiegen hatten, fanden sie seinen zusammengesunkenen Körper, der wie zum Gebet auf den Knien war. Einer der Wanderer wagte sich näher heran, dann schüttelte er den Kopf, als er die ausgeblichenen Augen sah. Erst danach bemerkte er den kleinen Altar. Eine kleine, bizarre Steinfigur stand darauf, auf den Toten gerichtet. Die beiden Männer sahen sich fragend an. Als sie umkehrten, um im Dorf von ihrem Fund zu berichten, begann es für eine lange Zeit zu regnen.

ROCIO GÜNTHER

Ein fallendes Meisterwerk

Fort wollte ich von dieser Insel. Jeden Tag dachte ich an die Flucht, an die Flucht aus Kreta. Mein Traum war es immer gewesen zu zeichnen, zu entwerfen, mich zu entfalten. Ich wollte meine Kunst erleben, ausleben. Doch gefangen war ich, wie ein Vogel im goldenen Käfig, von Minos eingesperrt und durchgefüttert.

Ich spürte wie meine Kreativität nach und nach in sich zerfiel, wie ich mir selbst nicht mehr gefiel.

Meinem Sohn war ich kein guter Vater, denn ich arbeitete Tag und Nacht an dem Einfall, der uns aus diesem Käfig, dieser furchtbaren Insel wegführen könnte.

Unser einziger Ausweg war der Himmel.

Jeden Tag quälte ich meinen Sohn damit, mir bei der Arbeit behilflich zu sein, ließ ihn nicht spielen, glücklich sein. Ich bestrafte ihn, sobald er anfing, sich zu widersetzen, beschimpfte ihn und duldete keine Träumereien.

Warum tat ich das nur?

Ich war von meinem Meisterwerk überzeugt, von meiner Genialität, wollte uns befreien und hatte alles genau studiert und kalkuliert. Noch nie war mir ein Fehler bei einem Bauwerk unterlaufen, noch nie hatte ich bei der Arbeit versagt.

Ich war der größte Architekt aller Zeiten, Meister meiner Werke, und genau aus diesen Gründen hatte mich Minos auch entführt.

Doch nun war es zu spät! Ich hatte mehr als nur versagt. Ich war vollkommen gescheitert. Mein Meisterwerk, es hatte mich zerstört, ich hatte mich selbst zerstört, indem ich mein größtes Meisterwerk umbrachte, aus Egoismus, aus Eitelkeit, aus Trotz. Dieser elende Hunger nach dem Ungreifbaren, dem Unmöglichen. Ich wollte das Unmögliche möglich machen und zerstörte dadurch alles: Ikarus! Er war mein Ebenbild.

Warum hatte ich nicht beachtet, dass er noch so jung war? Wie sollte er sich auch der Konsequenzen der Sonnenhitze bewusst sein? Sein Übermut brachte ihn um, doch es war meine Schuld. Ich hätte ihn aufklären sollen, ihn nicht wie einen Erwachsenen behandeln sollen, ihn Kind sein lassen, dann wäre das alles nicht passiert. Wie konnte mir nur solch ein Fehler unterlaufen? Oh wie war mir zumute, als ich sah, dass er nicht mehr hinter mir herflog. Ich ertrage mich selbst nicht mehr. Ich wünschte, ich wäre an seiner Stelle gefallen, hinab in die Fluten des Meeres, in die unendliche Dunkelheit, die mich eingesaugt hätte.

Jede Nacht träume ich von ihm und jener übrig gebliebenen Feder, die auf dem Wasser schaukelte, wie ein kleines Kind. Immer wieder wurde die Feder von einer Welle überdeckt, sie schaffte es immer wieder an die Oberfläche, schwebte weiter, bis sie irgendwann ganz von den Fluten eingesogen wurde. Alles, was bleibt, ist eine Erinnerung an ihn, wenn ich mein Spiegelbild betrachte.

Wenn du mich doch bloß hören könntest und wissen würdest, wie sehr ich dich liebte, du, mein größtes Kunstwerk. Wie stolz du mich machtest – nur deshalb, nur für dich, habe ich mich meiner Arbeit gewidmet. Du warst meine Inspiration, mein Licht in der dunklen Fremde.

Du warst das Konstrukt einer vollkommenen Liebe, mein vollkommenstes Werk, und nun ließ ich dich fallen und damit auch mich selbst, denn was bin ich noch wert, ohne dich, mein geliebter Ikarus.

ROCIO GÜNTHER

Ein Fallbeispiel

PROLOG

Ein Mann, der fällt.

Ein Fallschirmsprung, dessen Fallgeschwindigkeit am Ende rapide zunimmt, er fällt im freien Fall, landet auf der Erde und zerfällt. Er lässt sich fallen, wie Fallobst auf der Weide, das bereits von Maden befallen ist. Er weiß, dass er fällig ist, sein Fall ist fällig. Er wünschte, es gäbe eine Falltür, doch sein Verfallsdatum ist schon längst überfällig, wenn da nicht sein Fallmanager wäre, der ihm immer wieder sagte, dass es von Fall zu Fall anders sein könnte. Er würde am liebsten umfallen, hier auf der Stelle. Die ersten Anzeichen hatte er schon vor Monaten. Sein Haarausfall machte ihm zu schaffen und innerlich fühlte er sich zerfallen.

Nachts wachte er oft schweißgebadet auf und träumte davon, dass ihm die Zähne ausfielen. Auf seinem Nachttisch lag Falladas Kleiner Mann – was nun?

Seine Firma hatte falliert und es gab keine Einfälle mehr.

Sonst fiel ihm immer etwas ein, er wollte jedem und jeder gefallen, war ein guter Chef und in den letzten zehn Jahren keinen Arbeitstag ausgefallen.

Doch es war zu spät. Er wusste, dass er im Falle einer Gerichtsverhandlung alles verlieren würde. Sein Kartenspiel war in sich zusammengefallen. Seine Firma konnte den Fallrückzieher der Gebrüder Faller einfach nicht überleben.

Es geschah an einem normalen Montagmorgen, als alles aufflog und die schwarzgekleideten Männer die *Fall-Into-IT* stürmten.

Die Uhr in der Empfangshalle zeigte 08:00 Uhr an und der Tag nahm seinen alltäglichen Lauf. Aus der Küche strömte der Duft nach frischgebrühtem Kaffee, die Mitarbeiter checkten in übermüdetem Zustand und noch andauernder Wochenendstimmung ihre Emails und die Sekretärin schnitt Äpfel für ihr Bircher Müsli.

Ausgerechnet an diesem Montag kam K. später als sonst ins Büro.

Am Vorabend hatte es Streit mit seiner Ehefrau über die explodierenden Haushaltskosten gegeben. K. hatte Kopfschmerzen, fast schon wieder Migräne. In seinem Kopf hörte er immer nur Iris' grelle Stimme. Er sei geizig, sie würden verwahrlosen, ihre Freundinnen würden von ihren Ehemännern mehr Taschengeld bekommen.

Obwohl Iris wusste, dass mit ihrem Mann etwas nicht stimmte, er jeden Abend mit schlechter Laune nach Hause kam, war sie sich sicher, dass er ihr nichts erzählen würde, denn Kommunikation war nicht gerade ihrer beider Stärke. In Wirklichkeit lebten sie aneinander vorbei, wie zwei WG-Mitglieder, die nach dem Studium den Absprung verpasst hatten, auszuziehen. Doch die Gewohnheit hatte sie zu zwei Verbündeten gemacht, die glaubten, ohne einander nicht auszukommen. K. brachte das Geld nach Hause und Iris gab es aus.

K. kam erst kurz nach 09:30 Uhr, als bereits die Schlösser ausgetauscht worden waren. Er drehte den Schlüssel immer wieder herum, versuchte es mit einem anderen, doch keiner passte. Um 10:00 Uhr stand ein Teammeeting an, dachte er sich, vielleicht erlaubten sich seine Mitarbeiter einen Spaß mit ihm und bereiteten etwas im Konferenzraum vor.

Doch was war der Anlass? Es gab keinen, weder war sein Geburtstag, Weihnachten, Ostern, noch sonst ein Feiertag, geschweige denn der 01. April.

Es war einfach nur ein ganz normaler Montag und K. wusste, er war ein guter Chef, aber ein so guter auch wieder nicht. Oder war eingebrochen worden, fragte er sich, doch das wäre in dieser Gegend sehr unwahrscheinlich. Er musste die Sekretärin erreichen, denn am Empfangspult war keine Spur von ihr.

In Gedanken versunken suchte er in seiner Jackentasche nach seinem Handy, das er entgegen seine Gewohnheit den ganzen Morgen noch nicht benutzt hatte, denn er war in Eile gewesen. Duschen, rasieren, den Kindern die Pausenbrote schmieren, sie zur Schule bringen, ein kurzer Zwischenstopp beim Bäcker für Butterbrezel und Coffee to go, schnell tanken und dann ab ins Geschäft, während Iris ihrem Schönheitsschlaf nachging.

33 Anrufe in Abwesenheit, 25 Textnachrichten, 13 E-Mails und 5 Sprachnachrichten. Ein Rekord.

Schon beim Abhören der ersten Nachricht verfiel er in einen Schockzustand, ließ sein Handy los und wurde erst wieder durch das Geräusch des am Boden aufschlagenden Gerätes aus seiner Starre geweckt. Er wusste sofort, was geschehen war. Sie hatten ihn in der Falle. Er dachte an damals vor zwei Jahren, als die Firma kurz vor der Pleite stand und er unbedingt einen Investor brauchte, da hatte er das Papier halb unfreiwillig, halb freiwillig unterzeichnet. 51 % dachte er, diese beschissenen 51 %. Wut packte ihn und kalter Angstschweiß rang seine Stirn herunter. Er durfte sich nicht einschüchtern lassen. Was sollte er nun tun? Ruhe bewahren, er atmete tief ein und aus. Er musste Mut und Stärke vor seinen Mitarbeitern ausstrahlen, stark sein, bloß keine Schwäche zulassen. Er musste die Sekretärin erreichen und sich Zutritt zu seiner Firma verschaffen.

Während er draußen vor der Tür stand herrschte hinter der Glastür der Ausnahmezustand.

08:15 Uhr. Ana, die Sekretärin schnitt gerade ihren Apfel zu Ende, als fünf Männer in schwarzen Anzügen und schwarzen Aktenkoffern vor ihrer Bürotür standen.

Sie sah sie bereits von weitem durch die Glastür. Sie schienen etwas oder jemanden zu suchen und schauten von einem Türschild zum anderen. Als sie an ihrer Tür klingelten, wunderte sie sich, denn im Kalender war weder ein Termin noch eine wichtige Besprechung mit einem Kunden notiert. Sie ließ das Messer los, putze ihre Hände mit einem Taschentuch und hoffte, dass sie nicht zu klebrig seien. Sie öffnete langsam die Tür, in der Zuversicht, dass die Männer sie nicht lange belästigen würden, denn sie dachte an ihr unvollendetes Frühstück, an die Rosinen, die sie bereits aussortiert hatte und an den Sojajoghurt, der noch im Kühlschrank stand. Sie hasste es, wenn ihr Müsli noch nicht eingeweicht war und die Haferflocken hart und staubig zerkaut werden mussten.

Die Anzugmänner fragten nach Herrn K. und ob sie richtig seien. Sie wären auf der Suche nach der Firma *Fall-Into-IT* und müssten dringend mit Herrn K. sprechen. Die Sekretärin bejahte und ließ sie hinein, ohne zu ahnen, welche Auswirkungen diese eine, kurze Entscheidung für alle Beteiligten haben würde.

Sie erklärte ihnen, dass ihr Chef wahrscheinlich im Stau stehe und dass sie sich ein wenig gedulden sollten, er könne jeden Moment zur Tür hereinkommen. Die Männer lachten laut auf, sie lachte irritiert mit, bis sich einer als ihr neuer Vorgesetzter vorstellte.

Ana kicherte hysterisch und nahm an, dass ihr Chef sich einen Spaß erlaubte, wie damals auf der Weihnachtsfeier, als er angab, die Firma an die Konkurrenz verkaufen zu wollen, doch diesmal schien es kein Scherz zu sein und sie begann zu zittern. Wer waren diese Männer mit ihren schwarzen Anzügen?

Alles fühlte sich an, als sei sie im falschen Film, doch sie erblickte kein Kamerateam, kein Mikrofon, sie sah nichts außer fünf arrogante, elegant gekleidete Männer, die sie anstarrten und ihr weismachen wollten, dass nun ihnen die Firma gehöre.

Die Polizei, dachte sie, die Polizei sollte sie anrufen, doch als die Männer ihr das beglaubigte Gutachten zeigten mit der Unterschrift von Herrn K. und Notariat Konsus, wusste sie nicht mehr, was sie sagen, denken oder fühlen sollte. Sie bekam Kopfschmerzen.

Jetzt arbeitete sie schon seit fünf Jahren für Herrn K. und noch nie war es zu Komplikationen gekommen. Sie gab zu, dass er sehr streng war, aber nachts träumte sie von ihm, malte sich die wildesten Phantasien aus, und morgens kochte sie für ihn Kaffee, sprach nur das Nötigste und machte Ordnung auf seinem Schreibtisch. Die meisten hatten Angst vor K. und seinen seltsamen Anwandlungen und Eigenheiten. Er hörte in seinem Büro immer in voller Lautstärke George Michael, um sich besser konzentrieren zu können, sang mit, tanzte und redete mit sich selbst, doch sobald ein Mitarbeiter zur Tür hereinkam, war er wieder der spießige, keinen Widerspruch duldende Chef, dessen höchste Priorität der Umsatz war.

08:45 Uhr. Die Anzugmänner ordneten Ana an, die Mitarbeiter in den Konferenzsaal zu bringen, der Anlass sei eine wichtige interne Umstrukturierung, und zwar in 15 Minuten.

In der Zwischenzeit wunderten sich die Mitarbeiter, warum sie von einem attraktiven Mann im schwarzen Anzug begleitet wurden, und es wurde sofort gemunkelt, dass dieser vielleicht der heißersehnte neue Key Account Manager war, auf den sie alle gewartet hatten, denn die *CeBIT* war schon im nächsten Monat.

Zur gleichen Zeit hantierten bereits zwei weißgekleidete Männer an der Eingangstür und wechselten die Schlösser.

Ana versuchte vor den Mitarbeitern Haltung zu bewahren, sich ihre Angstflecken und Schweißausbrüche nicht anmerken zu lassen, sie zählte in ihrem Kopf bis zehn. Eins, zwei, drei ... zehn.

Während sie die Unwissenden in den Konferenzraum begleitete, dachte sie an den harten Gegenstand in ihrer Hosentasche.

In der Firma waren Privathandys strengstens verboten und alle hielten sich daran, denn Herr K. drohte sonst mit Gehaltskürzungen, die er auch wirklich umsetzte. Jeder wusste, dass mit ihm dabei nicht zu spaßen war. Er kontrollierte dies auch in regelmäßigen Abständen, prüfte, ob sie online waren oder wo sie sich gerade befanden.

Ana wusste das, dennoch konnte sie nicht ohne ihr Handy sein und unter ihren weiten Blusen und dem dazugehörenden gigantischen Schal merkte keiner, dass in ihrer Hosentasche das Handy steckte. Es ging ihr dabei nicht um den Drang, ständig erreichbar zu sein, sondern um den eingebauten Schrittzähler, der täglich ihren Kalorienverbrauch maß und ihr dadurch das Leben erleichterte. Als Teenager musste sie noch alles selber zusammenkalkulieren, jetzt machte es eine Maschine, eine App, ganz von allein. Diese Vorstellung entzückte sie regelrecht. Nichtsdestoweniger wusste sie auch, dass ihre Kollegen jede Mittagspause über sie tuschelten, weil sie lieber joggen ging als mit ihnen in der Pause zum Chinesen gegenüber zu gehen. Sie wäre lieber gefeuert worden, als dass man ihr die Zwangsstörung nahm, ihre Kontrolle.

Die Türen waren nun verschlossen und es gab weder einen Ein- noch einen Ausgang. Sie dachte an Herrn K. und an die nächtlichen Überstunden in seinem Bürozimmer, wenn mal wieder Not am Mann war. K. predigte immer, dass nur drei Buchstaben dazu ausreichten, um Erfolg zu haben und das waren T-U-N. Tun, sie musste etwas tun, doch was nur?

Auf die Toilette, auf die Damentoilette musste sie. Sie bat den Herrn im Anzug kurz für kleine Damen gehen zu dürfen und er ließ sie gewähren.

Es war kurz vor 09:00 Uhr, K. hätte schon längst da sein müssen. Normalerweise kam er jeden Montagmorgen immer kurz nach 08:00 Uhr, nachdem er die Kiddies zur Schule gebracht hatte. Wo blieb er nur? Sie rief ihn an und ließ das Telefon klingeln, einmal, zweimal, dreimal, fünfmal, zehnmal. Keine Antwort. Mailbox. Sie probierte es immer wieder, schrieb ihm Textnachrichten, eine E-Mail und hinterließ Sprachnachrichten. Sie war bereits schon über fünf Minuten auf der Damentoilette und hörte, wie auf einmal jemand an die Tür klopfte. Sie erschrak. Es musste einer der Anzugmänner gewesen sein, dachte sie, alle anderen waren schon im Konferenzraum. Sie musste das Handy sofort wegpacken. Ihr war heiß. Sie musste sich kaltes Wasser über ihr Gesicht, ihre Hände und ihre Arme laufen lassen.

Als sie aus der Tür kam, war sie ganz durchnässt und erklärte, dass ihr vor lauter Aufregung schlecht geworden sei.

Im Konferenzraum platzierten sich die Mitarbeiter im Halbkreis um den runden Tisch in der Mitte des Raumes. Nun standen sie Angesicht zu Angesicht den Männern in Schwarz gegenüber. Fünfzehn neugierige Mitarbeiter und fünf Anzugmänner. Es war 09:20 Uhr und sie wussten, dass um 10:00 Uhr eigentlich das montägige Teammeeting wäre. Einer der schwarzgekleideten Männer trat hervor, es war der Mann, der Ana durch die Räume begleitet hatte.

Er stellte sich als Cornelius Faller vor. Er war der jüngste Sohn der Familie Faller und sein Vater war letzte Woche in den vorzeitigen Ruhestand getreten. Die Mitarbeiter kannten die Gebrüder Faller bereits von anderen Aufträgen, Messeterminen und Sonstigem, aber immer war der Vater höchstpersönlich gekommen oder sein Ältester. Keiner sagte ein Wort, jeder wollte wissen, was Cornelius F. wollte und was das für die Firma zu bedeuten hatte.

Er sprach davon, dass sie nun seine Angestellten seien; dass erst mal alles gleichbleiben würde; dass sie sich keine Sorgen über ihr Angestellten-Dasein machen müssten; dass Herr K. Hausverbot hätte und sie selbst entscheiden könnten, ob sie für die Gebrüder Faller arbeiten würden oder nicht.

In Franks Kopf dröhnte es, alles war ganz wirr von den Worten des jungen Mannes und er traute seinen Ohren nicht. Er arbeitete schon von Anfang an mit Herrn K. zusammen. Er verstand nicht, wie das passieren konnte? Er musste Ana fragen, ob es wahr sei. Als sie es bejahte, brach für ihn eine Welt zusammen, denn sein ganzes Leben drehte sich um das *Fall-Into-IT*.

Er war schon von Anfang an mit dabei, hatte eigene Ideen eingebracht und Herrn K. seinen ganzen Erfolg zu verdanken. K. hatte ihn damals gerettet, als er nicht mehr weiterwusste. Er war im 4. Semester Bachelor Informatik und spielte schon mit dem Gedanken alles hinzuschmeißen, als K. ihn auf einer Fachmesse in Düsseldorf entdeckte. Frank hatte damals bei einem Wettbewerb für junge ITler teilgenommen und kam mit seiner selbsterfundenen App unter die zehn besten. Seine Idee war den meisten zu kompliziert und verworren. Doch K. erkannte sofort sein Potenzial und bot ihm gleich eine Stelle als Projektleiter an. Das war Franks Jackpot. Nur durch K. konnte er sein Studium beenden und in der IT-Branche erfolgreich werden. Er konnte für niemand anderen arbeiten als für Herrn K., er wollte für niemand anderen mehr arbeiten, doch wie sollte er das seiner Frau erklären? Sie hatten sich gerade ein Haus gebaut, wie würden sie es je schaffen den Kredit abzubezahlen? Ulrike würde ausrasten.

Frank hörte nur noch Stimmen um sich herum, die auf ihn einredeten. Er war Ks. bester Mann, seine rechte Hand. Warum hatte er von all dem nichts gewusst. Warum hatte K. nie gesagt, wie schlimm es vor zwei Jahren um die Firma stand, jetzt florierte sie. Das konnte alles nicht wahr sein. Er versuchte sich zu erinnern, doch er fand keinen Anhaltspunkt. Die Gebrüder Faller waren ihm noch nie sympathisch gewesen. Sie besaßen ein millionenschweres Familienunternehmen und *Fall-Into-IT* hatte zwar das Know-how, aber es fehlte ihnen an finanziellen Mitteln. Das letzte Mal hatte er den alten Herrn Faller in München getroffen. Er war so viel netter als seine Söhne, die in der IT-Branche immer wieder für Schlagzeilen sorgten.

Bestimmt war dieser Aufmarsch einfach nur ein Trick, um an die Firma zu kommen, dachte er sich. Herr K. war sicher einer Intrige zum Opfer gefallen. Er musste herausfinden, was K. unterschrieben hatte.

Die Mitarbeiter mussten zusammenhalten und er musste K. den Rücken decken. Er nahm all seinen Mut zusammen, trat einen Schritt nach vorn und sprach im Namen aller Mitarbeiter, dass sie nicht mit den Gebrüder Faller kooperieren würden, dass das Gutachten erst mal von einem weiteren Notar geprüft werden sollte, dass sie sich vor Gericht sehen würden und was Herrn Cornelius F. einfalle, einfach so in eine Firma, die ihm nicht gehöre, hineinzuplatzen. Sie sollten auf der Stelle die Büroräume verlassen und sich nie wieder blicken lassen. Nach seiner Ansprache sackte er zusammen. Sie hatte aber Wirkung gezeigt, denn die Männer verließen kurz darauf den Konferenzraum. Es gab erst mal nichts mehr zu sagen.

Es war kurz vor 10:00 Uhr. Wenn seine Mitarbeiter gewusst hätten, dass Herr K. vor verschlossener Tür stand, klopfte und hämmerte, damit ihm jemand Zutritt verschaffe, wären sie sofort aus dem Konferenzraum gestürmt, um ihm zu öffnen.

Herr K. hatte bereits die Polizei alarmiert, als seine Mitarbeiter aus dem Raum rauschten und ihn vor der verschlossenen Eingangstür entdeckten.

Frank ließ ihn hinein und die Debatte nahm seinen Lauf. Cornelius F. und seine Truppe waren gerade in der Küche, als er K.s Stimme hörte und Cornelius F. zusammenzuckte.

Sie kannten sich bereits aus der Schulzeit und waren nie beste Freunde gewesen. K. hatte Cornelius F. in der zehnten Klasse die Freundin ausgespannt, doch er konnte sich nicht mehr daran erinnern. K. war damals schon in der 13. und kam jeden Morgen mit seinem getunten Sportwagen angerast. Alle Mädchen waren ihm vollkommen verfallen. Sie liebten sein smartes Aussehen und seine rebellische Art. So auch Cornelius' Freundin Iris, die diesen wie eine heiße Kartoffel fallen ließ, was ihn für immer verbitterte.

Wenn K. gewusst hätte, dass der unscheinbare Streber Corni der Sohn des alten Herrn Faller war und dass er selbst dessen große Liebe Iris auf dem Sportplatz geschwängert hatte, hätte K. niemals unterschrieben. Er hätte dem Deal nie zugestimmt und er hätte einen anderen Weg gefunden, um die Firma vor dem Verfall zu retten.

Cornelius F. hasste K., und als er damals am Esstisch von seinem Vater erfuhr, dass sein Vater beabsichtigte, die Firma *Fall-Into-IT* zu unterstützen, sah Cornelius F. es wie einen Wink des Schicksals, um K. endlich zu Fall zu bringen.

Der alte Faller hingegen war beeindruckt von dem Ehrgeiz, den sein eher schüchterner Sohn entwickelte, von dem er dachte, dass er sich nie für das Familienunternehmen interessieren würde. Deswegen überließ er ihm dann auch nach drei Jahren das Projekt *Fall-Into-IT*. Drei Jahre hatte es gedauert. Cornelius F. hatte alles genau einstudiert und sich ausgemalt, wie er mit seinem Armani-Anzug, den er sich extra für diesen Tag in Mailand gekauft hatte, ins Büro eintreten würde, um K. zu ruinieren. Er könnte endlich Rache nehmen und sich Genugtuung verschaffen. »Schach matt, mein alter Freund!«, sagte er sich immer wieder im Spiegel und lächelte dabei gehässig in sich hinein.

Er hatte K. seit Jahren nicht mehr gesehen und nur in Fachzeitschriften oder in Internetberichten von ihm gelesen, doch K.s unvergleichbare Stimme würde er nie vergessen. Seine ganze aufgestockte Wut brach aus ihm heraus. Er hatte Iris so sehr geliebt, ihr alles geboten, ihr teure Geschenke gemacht, sie jeden Mittag in die Schulkantine eingeladen und mit ihr pausenlos gelernt, ihre Hausaufgaben gemacht, ganze Deutschaufsätze für sie geschrieben, und dann hatte sie ihn für einen Taugenichts, der mit seinen Träumereien versuchte, alle und jeden in seinen Bann zu ziehen, fallengelassen.

Cornelius F. schritt auf K. zu, der von seinen Mitarbeitern umringt war.

K. sah ihn wutentbrannt an, sein ganzer Zorn stieg in ihm auf, die Schikane und die Demütigung. Ein heftiger Streit begann und aus einer Debatte wurde Gebrüll, Fäkalwörter flogen durch die Luft, aus Geschrei wurde Schubserei, bis die Situation völlig eskalierte und Frank und Ana K. festhielten, bevor es zu einer Prügelei kam. Es war nun 10:48 Uhr und die herbeigerufene Polizei schritt ein. Ana und Frank ließen K. los. Die Situation war wieder unter Kontrolle.

Nach einer dreißigminütigen Vernehmung verließen die schwarzgekleideten Anzugmänner das Gebäude in dem Einvernehmen, dass sich vor Gericht alles klären würde. K. hatte sich dadurch Zeit verschafft.

Es war nun fast halb 12:00 Uhr und K. musste sich vor seinen Mitarbeitern erklären. Er wusste nicht, was er sagen sollte, sondern nur, dass er sich um alles kümmern würde, dass es sich um einen Komplott gegen ihn handle und dass er die Firma retten würde, so wie er das doch immer getan habe. Er schickte sie auf 12:00 Uhr nach Hause, nur Frank und Ana blieben.

Setzen musste er sich, mussten sich alle drei. Ana kochte erst mal eine Kanne extra starken Kaffee und sie gingen gleich in sein Büro. K. setzte sich auf seine Chaiselongue und dachte laut nach, Ana schrieb alles auf. Er brauchte die Akten, die Akten von den letzten drei Jahren, alles, jedes einzelne Papier musste genauestens von den dreien untersucht werden. Frank sollte Heinz anrufen, er wüsste was zu tun sei und war der beste Verteidiger, den sie hätten kriegen können. Sie mussten aus dem Vertrag kommen, egal wie.

Doch was K. nicht wusste, war, dass Cornelius F. selbst Jura studiert hatte, Jahrgangsbester war und den Vertrag bis auf die kleinste Klausel durchgearbeitet hatte.

Nachdem sie fast dreieinhalb Stunden Akten durchgearbeitet und überprüft hatten, schickte er sie nach Hause, setzte sich ins Auto und fuhr los. Er war ein furchtbarer Autofahrer, vor allem, wenn er seine Emotionen nicht im Griff hatte. Für ihn war Autofahren wie ein Kampf. Die Straße war der Boxring und jeder Autofahrer sein Gegner, der ihn durch sein langsames Fahren jeden Tag provozierte und ihn jedes Mal zum Duell herausforderte. Während der Fahrt ließ er sein Leben Revue passieren.

Binnen eines halben Tages fiel K.s ganze Welt in sich zusammen. Wie sollte er innerhalb von 24 Stunden nur so viel Geld auftreiben? Er musste sich aus dem Vertrag rauskaufen. Das war seine einzige Chance. Aber er war bankrott, ein gefallener Mann.

Zum ersten Mal, nach zwölf Jahren Ehe, hatte er das Bedürfnis zu reden, mit Iris zu reden. Er rief vom Auto aus die

Nanny an, erklärte ihr, dass es diesmal etwas später werden würde und er Zeit mit seiner Frau brauche. Er würde ihr die Stunden doppelt berechnen und sie solle mit den Kindern Essen, ins Kino oder wohin auch immer gehen.

Als er heimkam, beachtete Iris ihn nicht. Sie lag gerade mit einer Gurkenmaske auf der Terrasse und machte einen Schönheitsschlaf. Es war 16:30 Uhr.

K. sah fertig aus, seine Haare waren zerzaust, sein hellblaues Hemd war durchnässt, seine Hände waren feucht und zitterten und er hatte seit langer Zeit Lust auf eine Zigarette. Er hatte während des Studiums viel geraucht und es sich im letzten Semester dann abgewöhnt. Es passte auch gar nicht zu ihm, sein Äußeres war ihm sehr wichtig und sein höchstes Gebot war ein guter Duft.

Seit Jahren war er nicht mehr so früh nach Hause gekommen, außer wenn Mateo oder Hannelore krank waren, dann kam er sofort aus dem Büro gerannt.

Doch Iris merkte das alles nicht. Er ging die Treppen hinauf ins Badezimmer, wusch sich das Gesicht mit eiskaltem Wasser und starrte in den Spiegel. Er war alt geworden, seine Augen waren gerötet und seine volle Mähne wurde immer lichter. Der Stress, sagte er sich. Und wozu das alles? Er wollte Iris und die Kinder einfach glücklich machen. Doch nun war er vollkommen mittellos. Wie sollte er Iris das nur beichten, sie würde ihn verlassen, ihm seine Kinder wegnehmen, ihm Vorwürfe machen und ihm den letzten Todesstoß geben. Oder würde sie ihn vielleicht doch verstehen? Es war doch alles nur zum Wohl der Familie.

Sie hatten viel zu früh geheiratet, damit Mateo kein uneheliches Kind würde. Iris war damals in der 11. Klasse, als er sie zum ersten Mal erblickte und sie unbedingt erobern wollte. Sie war das schönste Mädchen der Schule und zu diesem Zeitpunkt bereits vergeben. Sein Eroberungsdrang war geweckt. Ihr Freund war in der 10. Klasse und ein Streber, doch nachdem K. sie angesprochen hatte, verließ sie Cornelius nach einer Woche und ihre Noten verschlechterten sich wieder. Anfang der 12. wurde sie kurz vor dem Beginn von K.s BWL-Studium schwanger. Sie musste seinetwegen das Abitur sausen lassen, was sie ihm wohl nie verzeihen würde, obwohl sie die Schule gehasst hatte und sich von einem Schuljahr zum nächsten gequält hatte. Es war eine schwierige Zeit, doch K.s Eltern hatten die beiden unterstützt, wo sie nur konnten. Iris stammte aus einem schwierigen Familienhaus, ihr Vater hatte sie und ihren Bruder verlassen, als sie noch klein waren, und ihre Mutter brachte laufend andere Männer nach Hause. Im Grunde genommen war K. ihre Rettung und zugleich ihr Untergang.

Er ging die Treppen hinunter auf die Terrasse und schritt auf Iris zu. Sie hatte ihre Gurkenmaske bereits entfernt und sich einen grünen Smoothie mit Gerstengras und Grünkohl gemacht. Sie probierte jeden neuen Trend der Hollywoodstars aus, von Kokosnusswasser bis Kurkuma Tee.

Er sah sie an und sprach die drei magischen Worte: Wir müssen reden. Drei Worte, die aus einer Beziehung zweier Menschen wieder zwei Individuen machten. Er dachte an die drei Worte, die sie vereinten: Ich liebe dich. Seit langer Zeit brachten beide diese Worte nicht mehr über die Lippen. Liebten sie sich überhaupt noch? Iris schaute ihn mit ihren smaragdgrünen Augen an. Sie merkte, dass sie ihm seit Wochen, vielleicht sogar seit Monaten, nicht mehr ins Gesicht geblickt hatte, sie sahen immer aneinander vorbei. Die drei magischen Worte hallten noch in ihrem Kopf. Wir müssen reden. Reden, hatten sie jemals geredet?

Sie setzte sich auf und K. nahm ihre filigrane Hand. Wie schön sie noch aussah, dachte er, so wunderschön. »Iris, es ist etwas passiert, was unser ganzes Leben verändern wird.« Sie dachte sofort an ihre beiden Kinder, doch K. beruhigte sie. Worüber wollte er nur reden?

Er erzählte ihr von der Firma, von dem Vertrag, von den 51 %, von denen 1 % zu viel war, von den Gebrüder Faller, von Cornelius Faller, den sie bereits seit Jahren aus ihrem Gedächtnis gelöscht hatte, und von dem heutigen Morgen.

Wenn sie gewusst hätte, dass sie der Schlüssel für das ganze Konstrukt war, wäre ihr der Name Cornelius F. nicht entfallen, doch er war für sie ein Niemand und so sollte es auch bleiben. Männer waren für Iris nur von Interesse, wenn sie ihr Nutzen verschafften, und Cornelius F. diente damals nur ihren Noten, nachdem ihre Mutter ihr jeden Tag einpaukte, wie wichtig die Schule doch sei. So war es auch mit K. Er war der coolste Junge der Schule, fuhr einen Sportwagen und war aus reichem Hause. Er konnte sie endlich aus dieser Einöde hinausbringen. Die Schwangerschaft kam ihr da ganz recht, auch wenn sie dafür ihr Abitur schmeißen musste. Dennoch gab sie ihm die Schuld daran, auch daran, dass ihr Körper nie wieder so in Form sein würde wie mit 17 Jahren, egal welche Diät sie ausprobieren würde oder welches Sportprogramm sie machte. Sie war nie zufrieden. Die Dehnungsstreifen machten ihr zu schaffen.

Es war 17:30 Uhr, die frühe Abendsonne schien noch auf die beiden, und je verzweifelter K. wurde, je mehr er sprach und schwitzte, desto finsterer und verachtungsvoller wurde ihr Gesichtsausdruck. K. hatte sie ruiniert, sie alle ruiniert. Was sollte sie nur ihren Freundinnen aus der Nachbarschaft erzählen, wie sollte sie sich die Clubkarte für den Tennisverein leisten können, das Auto, das Haus, alles. Die Kinder, dachte sie, man würde sie in der Schule hänseln. Sie fing an zu weinen, hysterisch zu lachen, zu schreien: »Du elender Wichser, wenn Du uns schon in solch eine Situation bringst, dann wirst Du uns mit allen Mitteln wieder herausbringen!«

Sie fragte sich, was sie je für ihn empfunden hatte, er saß vor ihr vollkommen verschwitzt und alt, alt sah er aus. Sein Anblick war ihr zuwider, sie ekelte sich regelrecht vor ihm, kein Wunder, dass sie seit Jahren kein Sexualleben mehr hatten, wenn sie das überhaupt jemals gehabt hatten. Sie hasste ihn, vielleicht spürte sie jetzt noch mehr, wie sehr sie ihn eigentlich hasste. Er war immer nur bei der Arbeit, ständig unterwegs auf Geschäftsterminen, auf Geschäftsessen, abends stundenlang mit seiner magersüchtigen, hirnrissigen jungen Sekretärin im Büro.

Aber sie war nicht eifersüchtig, denn sie wusste, dass ihr Mann ihr vollkommen verfallen war. Sie war immerhin die Mutter seiner beiden Kinder und er würde alles für die Familie tun, deswegen musste er jetzt handeln. Er musste etwas tun, nur was?

Nachdem sie sich ein wenig beruhigt hatte, fragte sie ihn immer wieder, wie er sie nur in die Pleite hatte führen können und wer jetzt das Geld verdienen solle? Sie etwa? Seinetwegen habe sie ihr Abitur nicht machen können, jegliche Versuche auf dem Abendgymnasium waren gescheitert, und wozu auch? Wozu sollte sie arbeiten, wenn ihr Mann doch bis jetzt gut verdiente? Wie sie ihn hasste. K. schrumpfte immer mehr in sich zusammen. Das Gespräch mit Iris gab ihm den Rest, er hatte auf Unterstützung gehofft, auch auf finanzielle, doch in all den

Jahren Ehe hatte Iris weder für sich noch für die Kinder etwas zur Seite gelegt. Sie waren vollkommen mittellos. Er sah bereits, wie sie das Haus verpfändeten, die drei Autos, seinen heißgeliebten Sportwagen, alles, wofür er sein ganzes Leben gearbeitet hatte, alles war mit einem Male verschwunden.

Iris drohte ihm mit der Scheidung, falls er keinen Ausweg finden würde. Sie würde ihn verlassen und er würde die Kinder nie wiedersehen, denn er war ein Schwein. Wie konnte er ihnen das nur antun? Was K. jedoch nicht wusste, war, dass Iris bereits seit längerem eine Affäre mit ihrem Masseur hatte, er war jung, viel jünger als sie, und wusste, wie er sie befriedigen konnte. Sie ging zweimal pro Woche zu ihm aufgrund chronischer Nackenverspannungen, es ging bereits eineinhalb Jahre und alle ihre Freundinnen wussten darüber Bescheid. Raúl machte sie wieder jung und lenkte sie von ihrem trostlosen Mutter- und Hausfrauen-Dasein ab, außerdem beneideten sie ihre Freundinnen um den gutaussehenden Spanier.

Es klingelte an der Eingangstür, das mussten die Kinder sein. Es war schon spät und sie musste das Abendessen für die beiden vorbereiten. K. aß meistens nicht mit. Als K. Mateo und Hannelore die Türe öffnete, sprangen die Kinder auf ihn, erzählten ihm von der Schule, von Frau Huber, ihrer Direktorin, von dem tollen Kinofilm, den sie mit ihrer Nanny Tina gesehen hatten, dass sie Popcorn essen durften und an Tinas Cola nippen konnten und wie gut diese geschmeckt habe.

Iris und K. ließen sich ihre Differenzen nicht anmerken, für die Kinder war alles wie gewöhnlich, denn jegliche Zuneigung zwischen den Eltern war seit Jahren verfallen. Ungewöhnlich war es eher für die beiden, dass Papa so früh zuhause war und mit ihnen zu Abend aß. Sie kuschelten nach dem Abendessen mit ihm auf dem Sofa und er brachte sie gegen 21:30 Uhr ins Bett. Als er die beiden so betrachtete, wie sie friedlich ein- und ausatmeten, dachte er an sein Leben. Er hatte alles, was er wollte, eine Familie, die aus zwei wundervollen Kindern bestand, ein gigantisches Haus und Wohlstand. Er hatte alles und nichts. Sein ganzes Geld steckte in seinem Lebenstraum, in seiner Firma, und nun, nun hatte er alles innerhalb weniger Stunden verloren und merkte erst in diesem Augenblick, wie einsam er eigentlich war. Die Liebe der Kinder, die Zuneigung würde ihm nie die Liebe einer Partnerin, einer Frau ersetzen. Er versuchte, sich mit Fernsehen abzulenken, auf andere Gedanken zu kommen, klar zu denken und eine Lösung zu finden. Wie sollte er Cornelius F. nur auszahlen? Welchen Plan B. könnte es geben? Er rief Heinz an, doch der hatte bis jetzt noch keinen Rat. Dann wählte er die Nummer von Frank, aber dessen neugeborenes Baby schrie im Hintergrund und man konnte ihn kaum verstehen.

K. war vor Nervosität ganz übel und er nahm Beruhigungstabletten, die ihm sein Arzt gegen seine Schlafstörungen verschrieben hatte. Er versuchte ein bisschen zu schlafen und als er seine Nachttischlampe ausschalten wollte, entdeckte er Falladas *Kleiner Mann – was nun?* Ja, was nun?, dachte er sich. Er war nun der kleine Mann, nur dass er ohne Lämmchen, ohne eine Frau, einsam war. Ihm wurde schwummrig von den Tabletten und er fiel in einen unruhigen Schlaf. Er träumte von Iris, von den Kindern, von Cornelius F.s Grinsen, von Frank und dann von Ana, die ihm immer ein Rätsel war.

Es war 00:25 Uhr, als er schweißgebadet aufschreckte. Iris lag neben ihm und merkte nicht einmal, dass er aufgewacht war und sich lange hin und her gewälzte hatte. Er brauchte frische Luft, vielleicht einen Drink oder zwei. Er zog sich an und fuhr in die Stadt. Im *Shooters* angelangt, bestellte er erst mal einen Gin on Ice.

Es war noch viel los für einen Montagabend und K. merkte, dass er seit langer Zeit nicht mehr aus gewesen war.

Der Kellner spürte gleich, dass K. diesmal mehr als nur einen Drink gebrauchen würde. Er schenkte ihm immer wieder Gin nach, bis er ihm irgendwann die ganze Flasche auf den Tisch stellte. K. beobachte währenddessen die Paare, die jungen Frauen mit ihren Cocktailgläsern, und er dachte an Ana, ob sie auch mit ihren Mädchen ausgehen würde, ob sie einen Freund habe? Wohl kaum, dachte er sich, sie war viel zu brav, zu introvertiert. Er musste sie anrufen. Es war bereits 01:30 Uhr und im *Shooters* waren nur noch wenige Gäste. In seinem betrunkenen Zustand rief er Ana immer wieder an, sprach auf ihre Mailbox. Ana, er brauchte sie, ohne sie hatte er keine Ideen, ohne sie war er nicht kreativ.

02:00 Uhr, das *Shooters* verabschiedete die letzten Gäste und K. ging zur nächsten noch offenen Tanke und holte sich eine Dose RedBull, Zigaretten und Wodka. Sein Leben ergab keinen Sinn mehr. Er lief die Straßen entlang, betrachtete die Lichter, blieb auf der Rheinbrücke stehen und dachte an Ana, wie sie letzten Sommer nach dem Betriebsausflug hier entlangspazierten. Er war vollkommen verzweifelt.

Vielleicht sollte er sich einfach fallen lassen, in die dunklen Fluten fallen lassen, keiner würde ihn vermissen, er war zu nichts zu gebrauchen, er war ein Versager und hasste sich.

Er zündete sich eine Zigarette an und schaute in die Tiefe des Wassers.

Es war 01:30 Uhr, Ana las gerade ein Buch. Sie konnte mal wieder nicht schlafen. Das ging schon seit Jahren so, sie war viel zu unruhig, selbst auf das Lesen konnte sie sich nicht konzentrieren. Sie dachte an K. Was er wohl gerade treibe? Bestimmt schlief er gerade mit seiner Frau oder hörte laut Musik und tanzte. Sie musste bei der zweiten Vorstellung lächeln. Sie machte noch ein paar Yogaübungen, um sich zu entspannen. Es war bereits 02:30 Uhr als ihr einfiel, dass sie noch ihren Kalorienverbrauch analysieren und aufschreiben musste. Sie schnappte ihr Handy und sah erst dann die vielen Anrufe von K. Sie hörte ihre Mailbox ab und sie merkte an seiner Stimme, dass er betrunken war, sehr betrunken. Sie rief ihn an, doch sein Handy war aus. Sie bekam ein mulmiges Gefühl in der Magengrube. Sie musste ihn finden, bevor er etwas Dummes tat. Sie zog sich einen Kuschelpulli über und raste mit ihrem Fahrrad los.

Es war bereits eine halbe Stunde vergangen und K. starrte immer noch aufs dunkle Wasser, die Lichter spiegelten sich darin und er spürte den kalten Wind, der ihm ins Gesicht wehte. Es war aussichtslos, er hatte gegen die Gebrüder Faller verloren. Nur ein kurzer Sprung und alles hätte sein Ende, die Strömung des Rheins würde ihn mit sich ziehen und er wäre befreit von der Schuld, die auf seinen Schultern lastete. Er blickte zurück, niemand war zu sehen, niemand würde es mitbekommen, wenn er springen würde. Seine Frau würde ihn nicht einmal vermissen. Sein Leben war eine einzige Lüge, alles nur ein großes Konstrukt aus Lügen, er hatte weder eine intakte Familie noch ein liebevolles Zuhause, das einzige Wahre waren seine Kinder, die Iris schon so verhätschelte, dass Konsum Mateos und Hannelores liebstes Hobby war. Es war auch seine Schuld, denn er kaufte ihnen alles, was sie sich wünschten. Er wollte ihnen einfach alles geben, doch alles war nichts. Er trat nach vorne, umfasste das Geländer, blickte nach unten, beugte sich vor und spürte, wie sein Handy aus seiner Tasche rutschte, hinein ins dunkle Nass. Es war ein Zeichen, endlich war er sprachlos, unerreichbar. Er hasste sein Smartphone, ständig klingelte es, andauernd gab es Forderungen von Geschäftspartnern, von Iris, von den Kindern, immer Termine, dieser ständige Druck – und wofür? Für ein illusionäres Leben, für eine geplatzte Luftblase, einen geplatzten Traum vom Familienglück, von Geborgenheit, wie es seine Eltern ihm vorgelebt hatten und am Ende für nichts. Wie hatte er den 51 % nur zustimmen können, der Gedanke machte ihn ganz krank. Er musste springen, es gab keinen anderen Ausweg. Er umklammerte fester das Geländer und versuchte sich mit seinen Beinen nach oben zu stemmen, als er plötzlich eine vertraute Stimme hinter sich hörte. Es war Ana. »Halt! Bitte nicht!«, schrie sie. K. drehte sich um und fiel wie ein Sack Kartoffeln zu Boden. Ana rannte zu ihm, nahm ihn in den Arm, und zum ersten Mal weinte er bitterlich. Jahrelang hatte er nicht mehr geweint, vor Iris erst recht nicht. Das letzte Mal war vor vier Jahren, als seine Mutter starb. Iris hatte kein Verständnis dafür, im Grunde genommen war sie froh über den Verlust, denn das Verhältnis zu ihrer Schwiegermutter war eisig. Sie nannte K. ein »Mamasöhnchen« und hasste es, wenn sie zu seiner Familie fuhren. Sie fühlte sich immer wie ein Alien, eine Ausgestoßene auf einem falschen Planeten, während ihre Kinder es liebten, zu Oma und Opa zu gehen. Für K.s Eltern war Iris eine falsche Schlange, die ihren Sohn verführt hatte und ihn ausnahm wie eine Weihnachtsgans. Sie war schuld daran, dass er täglich Überstunden machte und nicht genügend Zeit für die Kinder hatte.

Ana versuchte ihn zu beruhigen. K. klammerte sich fester an Ana und sie fragte sich, wann ein Mann sie je so berührt und umarmt hatte, wann sie das letzte Mal überhaupt von einer Person eine Umarmung zugelassen hatte. Sie zog seinen Duft ein, der vermischt war mit Nikotin und Alkohol, und dennoch roch er so gut. In ihrem Inneren wünschte sie sich nichts sehnlicher, als von K. liebkost zu werden, doch äußerlich gab sie sich meist kalt. Selbst ihren Eltern gab sie die Hand und sie sahen sich nur zu Weihnachten. Sie hatte Angst vor Beziehungen, vor Gefühlen, vor Nähe. Wärme und Geborgenheit waren für sie zwei Fremdwörter, die ihr Angst machten. Sie hätte sich niemals vorstellen können, dass Herr K. irgendwann in ihren Armen läge und weinte. Seine Schwäche machte sie weich. Fast eine Stunde saßen sie so da, ohne ein Wort zu sprechen. Es war nun fast halb vier, sie standen auf und gingen spazieren. Er erzählte ihr von seinem Gespräch mit Iris, von seiner Verzweiflung und sie hörte ihm einfach nur zu.

Sie gingen zu ihr. Er konnte jetzt nicht nach Hause und für ein Hotel war es einerseits zu spät und andererseits zu früh. Es war nun 04:20 Uhr morgens und sie betraten Anas kleine Wohnung. Alles war orientalisch eingerichtet, voller Kerzen und orangefarbenen Tüchern und Kissen. Es roch nach Kardamom und Zimt. Sie machte ihm einen Chai Tee Latte und er beobachtete, wie sie den Honig auf ihren Milchschaum tröpfelte, um ihn dann wie einen Nachtisch zu löffeln. In diesem Augenblick sah er ihren kleinen spitzen Mund, der wie ein Vögelchen die Milch pikte, ihren schmalen Hals, die langen Hände und das puppenhafte Gesicht. Sie hatte wunderschöne lange schwarze Haare und süße kleine Sommersprossen auf ihrer

Nase, die sie mit Puder zu überdecken versuchte. Er sah ihre Grübchen und den kleinen Fleck auf ihrem linken Schlüsselbein. Sie war wunderschön, so natürlich.

Sie saßen auf dem Sofa, Arm in Arm und das erste Mal seit Jahren fühlte er sich zuhause und geborgen in dieser kleinen Welt. Bei Ana hatte er keine Sorgen, denn Ana brachte ihn immer auf eine Lösung und er schlief in ihren Armen ein.

Es war nur ein kurzer Schlaf, aber der tiefste, den er seit Jahren gehabt hatte. Sie wachten beide von Anas Wecker auf. Es war 06:45 Uhr, Zeit zur Arbeit zu gehen. K.s Kopf dröhnte unaufhörlich. Er hatte sich zwar wenige Stunden zuvor übergeben, aber der Restalkohol machte ihm noch zu schaffen. Seine Kehle brannte und er war noch ganz benebelt. Plötzlich fühlte er sich ganz fremd und schämte sich für sein gestriges Verhalten. Ana gab ihm ein Handtuch und zeigte ihm das Bad. Sie hatte noch nie jemanden in ihre Wohnung gebracht und genierte sich ein wenig. K. schüttete sich im Bad erst mal eiskaltes Wasser ins Gesicht, bevor unter die Dusche ging. Es war das erste Mal nach zwölf Jahren, dass er bei einer anderen Frau war, aber er fühlte sich gut dabei und keineswegs schuldig. Iris kam ihm ganz weit weg vor. Doch sobald das kalte Wasser auf seinen Körper prasselte, kamen ihm die Bilder von gestern in den Kopf. Die verschlossene Tür, Cornelius F.s hämisches Lachen, Iris' Vorwürfe, das *Shooters*, die Rheinbrücke und dann Ana. A-N-A, die wunderschöne Ana, die für ihn immer ein Mysterium war und die ihn im letzten Augenblick gerettet hatte. Er hatte ihr sein Leben zu verdanken und erkannte erst jetzt, dass sie ihm immer zur Seite stand und bei ihm war. Ihre nächtlichen Gespräche im Büro, ihre Überstunden, nur damit seine Präsentationen für den morgigen Tag fertig wurden, ihr

Mitgefühl. Warum hatte er sein Glück immer übersehen? Alles drehte sich in seinem Kopf.

Ana kochte ihnen währenddessen marokkanischen Kaffee und suchte im Küchenschrank nach ein paar Ibuprofen. Sie dachte an gestern Nacht und an K. Was wäre wohl geschehen, wenn sie 5 oder 10 Minuten zu spät gekommen wäre? Das wäre gar nicht auszudenken. Sie merkte, wie sehr sie ihn eigentlich liebte und wie sehr sie seine Nähe genoss. Mit ihm fühlte sie sich nicht mehr einsam und fremd. Als K. nur im Handtuch aus der Dusche kam, errötete sie und drehte sich weg. Als er sich anzog, schlich sie ins Bad und machte sich frisch.

07:30 Uhr. Sie mussten zur Arbeit. Doch anstatt zur Firma zu fahren, deren Türen ihnen verschlossen blieben, rief K. Frank und Heinz an, um sich in einem Café um die Ecke zu treffen und einen Schlachtplan auszuarbeiten. Sie fuhren in Anas Auto, einem grünen VW Golf 1, und hofften vor Frank und Heinz da zu sein. K. bestellte sich zwei Spiegeleier und einen Tomatensaft, um seinen Kater zu bezwingen. Ana eine heiße Zitrone mit Ingwer, um ihren Stoffwechsel anzukurbeln. Der Kampf konnte beginnen. Zwar hatte Cornelius F. die Firma gekauft, aber nur deren Mantel, nicht ihr Herz.

EPILOG

K. stand vor der Tür, der Tür, die ihm monatelang verschlossen geblieben war.

Er war tief gefallen in ein Loch voller Papiere, Gerichtstermine, Anwaltstreffen, privaten Teammeetings mit seinen Mitarbeitern und zweiwöchentlichen Besuchen seiner Kinder. Ana hatte ihm gezeigt, dass sie, egal wie tief er auch fallen würde, ihn auffangen würde. Sie hatte ihm die letzten Monate stets zur Seite gestanden. C. Faller hatte zwar seinen Fall gewonnen, doch diesen auch schnell wieder verloren, denn er hatte nicht berücksichtigt, dass K. nicht nur die Firma gehörte, sondern selbst die Firma war. C. Faller hatte ein weiteres Mal den Kürzeren gezogen. Erst hatte ihm K. seine große Liebe gestohlen und dann seine Firma. Denn K. hatte noch Kontakte, die ihm einem Gefallen schuldig waren und ihm beim Rückkauf halfen. Er hatte nun eine auf dem Papier fast wertlose Firma wieder zurückgewonnen und sein vorheriges Leben war im letzten Jahr von ihm abgefallen. Iris hatte die Scheidungspapiere eingereicht und erwartete, dass K. ihr weiter das Leben finanzierte.

K. war nervös. Es war Montagmorgen und sein Herz raste. Es war nur eine Tür, sagte er sich und er wusste, dass der Schlüssel diesmal passte. Er schaute auf das neue Namensschild seiner Firma: Fall into place, *und noch bevor er selbst die Türe öffnen konnte, stand Ana vor ihm und hinter ihr seine fast intakte, neue Familie: seine Firma.*

DOMINIK HAITZ

Ikarus

Treffer! Der Stein hat das Schaf am Kopf erwischt. Das war mein bester Wurf heute, dabei hab ich nichts anderes gemacht. Ich ziele auf die Schafe, wenn sie getroffen sind, rennen sie weg und irgendwann kommen sie wieder. Was soll ich auch sonst machen, den ganzen Tag lang auf dieser Insel, eingesperrt vom Meer.

Heute Morgen hab ich die anderen Kinder gesehen, die Söhne der Hirten. Ich habe mich versteckt, um nicht wieder ihre Sprüche zu ertragen. »Ausländer! Geh wieder nach Hause!«, rufen sie mir zu und drohen mit ihren Fäusten. Früher bin ich immer zu Vater gerannt und habe geweint, aber mittlerweile ist es mir egal. Sollen die nur weiter ihre Sprüche reißen, irgendwann bin ich hier weg, von dieser Scheißinsel, diesem hässlichen Felsen, auf dem die ihr ganzes Leben zubringen werden.

Ich gehe zu unserer Hütte und traue meinen Augen nicht: Vater ist tatsächlich fertig! Die letzten Tage und Nächte hat er in seiner Werkstatt verbracht, hat sich eingeschlossen und wollte mir nicht sagen, woran er arbeitet. Sind das Flügel, die er in den Händen hält? Und warum ist er so fröhlich? Ah, jetzt verstehe ich, was er vorhat!

Nachdem er mir die Flügel angelegt hat, bewege ich vorsichtig die Arme. Wahnsinn, ich werde tatsächlich leichter, ich steige auf! Ich sehe die Möwen in den Lüften und will ihnen hinterher. Bald werde ich auch eine Möwe sein und ich weiß schon, was ich als erstes tun werde: Ich werde zu den Hirtensöhnen fliegen, über ihnen kreisen, und wenn sie in Angst und Bewunderung erstarrt sind, werde ich ihnen auf den Kopf spucken. Und dann, dann werden Vater und ich über das Meer nach Hause fliegen.

Wie, ‚Mitte des Weges'? Jaja, rede du nur weiter, alter Mann. Lass mich endlich fliegen. Ich will zu den Möwen aufsteigen, will hoch hinaus. Ich krieg das das schon selbst hin.

Wahnsinn, ich werde immer leichter, ich spüre den Boden nicht mehr, ich rudere schneller mit den Armen und schon sind die Palmen unter mir. Was ruft er, ich soll ihm folgen? Jaja, ich komme ja gleich. Der soll schon mal voraus, ich drehe noch eine Runde, über dem Schafte, über die Bäume, über die Hütten hinweg.

Da stehen die anderen Kinder, heben ihre Köpfe. Herrlich, wie sie mir hinterherschauen! Ich segle und schwirre und gleite, ich kreise empor und lasse sie unter mir. Der Himmel ist meine Welt, die Sonne wärmt mein Gesicht. Nur noch einmal schaue ich zurück. Wie klein die Insel jetzt aussieht! Und das war meine ganze Welt, dieser erbärmliche Fleck im Meer. Immer weiter will ich weg, nur weg und hoch nach oben.

Seltsam, jetzt kann ich nicht mehr höher, so sehr ich auch mit den Armen flattere. Da ist doch irgendwas mit den Flügeln, was ist denn – jetzt fallen die Federn ab! Verdammt, man muss doch irgendwie … Vater! Flieg nicht weg, es tut mir leid! Komm zu mir, schneller! Was soll ich tun? Ich falle wie ein Stein! Ich überschlage mich, kann nichts mehr fassen, das Meer, es kommt, es rast, es schlägt, es –

DOMINIK HAITZ

Unter Tannen

An Winterabenden, wenn um die Hütte herum alles schwarz war, saßen die beiden Geschwister am Ofen. Grete nähte, Hans schnitzte Nussknacker und Pferde aus Holz, die er auf den Weihnachtsmärkten verkaufte. Er zeigte die Figuren Opa, der in seinem Sessel saß und von dem Hans das Schnitzen gelernt hatte. Opa nickte und lächelte, dann ging sein Blick langsam im Zimmer umher und seine Gedanken gingen in die Vergangenheit. Er hatte Schmied erlernt und auch als solcher gearbeitet, er war nicht wie viele seiner Jugendfreunde zum Arbeiten in die Stadt gegangen. Später hatte er Messer geschmiedet und geschärft, auch jetzt noch hingen seine besten Exemplare an der Wand, Rebmesser, Schnitzmesser und Pilzmesser.

»Und wenn er noch lebt?«, fragte Grete plötzlich.

»Was?«, fragte Hans.

Sie schob den Vorhang des Fensters zur Seite und schaute hinaus.

»Wenn Papa immer noch da im Bergwerk ist, unter einem Balken eingeklemmt. Wasser fließt an ihm vorbei und er kann trinken, und vielleicht hat er noch zu essen und wartet, dass ihm jemand hilft.«

»Das ist jetzt schon Jahre her.«

»Vielleicht kann er uns hören, wenn wir über den Berg laufen. Unsere Schritte, vielleicht auch unsere Stimmen.«

Leise begann sie zu weinen. Hans ging zu ihr und umarmte sie.

Im Sommer wurde Holz gesammelt, weiches, gutes Holz, das für später getrocknet wurde. Die Geschwister verbrachten ihre Nachmittage in den Wäldern und an den Hängen in der Umgebung. An einigen Tagen im Sommer war es sogar im dichten Wald unangenehm heiß. Das Sonnenlicht stach durch die Wipfeldecke, erhellte die Mücken in der Luft, die Spinnennetze zwischen den Bäumen und die Ameisen am Waldboden.

Hans liebte es, an diesen Tagen im Quellbach zu baden, und ganz besonders liebte er es, von der steinernen Räuberbrücke ins Wasser zu springen. Grete saß oben auf der Brücke und sah zu, wie er unten aus dem Bach stieg.

»Spring!«, rief er ihr zu.

»Ich will nicht fallen, das tut weh!«

Hans ging zu ihr nach oben.

Er streckte seine Hand nach ihr aus.

»Es tut nicht weh.«

Sie zögerte, aber dann nahm sie sie an. Sie schloss die Augen und beide sprangen von der Brücke. Sie schrie, erst in der Luft, dann unter Wasser. Als beide auftauchten und sich die Tropfen aus den Augen rieben, lachten sie sich an.

Später, als sie vom Baden nach Hause liefen, sagte sie:

»Das Fallen hat doch weh getan.«

»Nein, hat es nicht.«

»Doch, an den Füßen.«

»Nein, das Fallen tut nicht weh. Weh tut höchstens, wenn man am Boden aufkommt.«

Im Frühling blühten die Enziane und die Schneeschmelze füllte die Bäche. Im Herbst wurden Pilze gesammelt und die Schule begann wieder.

Eines Mittags lief Grete den Weg von der Schule nach Hause, als sie hinter einer Biegung Geschrei hörte. Sie rannte hin und sah, wie ein kräftiger Junge aus dem Dorf Hans im Schwitzkasten hielt, ein anderer, schlankerer, schlug ihm in den Bauch. Hans zappelte, aber sie waren zu kräftig.

»Hört auf!«

Die beiden Jungs hielten tatsächlich inne und sahen, wer da auf dem Weg zu ihnen war.

»Lasst ihn los!«

Die zwei sahen sich an. Der Kräftige hielt Hans weiterhin umklammert

»Lauf weg!«, rief Hans. Sein Gesicht war schon ganz rot und er bekam kaum Luft.

Der Schlanke kam auf Grete zu.

»Wen haben wir denn da«, sagte er.

»Ich hab gesagt, ihr sollt ihn loslassen!«

»Und was kriegen wir dafür?«

Grete sah zu dem Kräftigen, der seinen Arm um Hans noch enger drückte.

Der Schlanke grinste, ging einen Schritt auf sie zu und streckte seine Hand nach ihr aus.

Grete zog das Pilzmesser aus der Tasche ihres Kleides und stach in Richtung des Jungen, der sie gerade noch mit seiner Hand abwehren konnte. Er schrie auf, als die Klinge ihm in die Haut schnitt, und umklammerte die blutige Hand mit der anderen.

Grete ging einen Schritt zurück, sie hielt ihren Arm ausgestreckt und zeigte mit dem Messer auf sein Gesicht.

»Verschwindet!«

Der Junge stand mit schmerzverzerrtem Gesicht da, das Blut lief ihm über die Hand. Sein Freund sah ihn kurz mit offenem Mund an, dann ließ er Hans los und die beiden rannten davon.

Hans fiel auf den Boden, stützte sich auf und hustete. Er ging zu Grete, die zitterte und das Messer fest umklammert hielt. Als er sie umarmte, ließ sie das Messer fallen und begann zu weinen.

Im Frühjahr, kurz nachdem der letzte Schnee geschmolzen war und es abends immer noch früh dunkelte, gab es ein Feuer im Dorf: Kerzen hatten ein Haus in Brand gesetzt und die Flammen hatten auf andere Fachwerkhäuser im Unterdorf übergegriffen. Die beiden Peiniger von Hans gehörten zu den Todesopfern. Einige Familien beschlossen, dass man jetzt, wo einen hier auch nichts mehr halte, in bessere Gegenden ziehen könnte. Nur wenige Familien blieben zurück, meist die Älteren, die auch an anderen Orten keine Zukunft hatten.

Im Sommer wurde wieder hart gearbeitet, Hans fällte das Holz und zerhackte es, Schweiß glänzte auf seiner Stirn. Grete brachte ihm einen Krug Wasser in den Wald und freute sich, ihm helfen zu können.

An einem besonders heißen Sommertag starb Opa. Die Geschwister kamen nach Hause, verschwitzt und durstig, und sahen Opa, der in seinem Sessel saß, den Kopf zur Seite genickt. Grete ging auf ihn zu, um ihn zu wecken, da bemerkte sie den Geruch und die Fliegen, die auf seinem Gesicht herumkrabbelten.

Die Beerdigung fand zwei Tage später statt. Außer den Geschwistern und dem Pfarrer waren nur zwei alte Freunde anwesend. Während der Pfarrer eine Predigt las, in der er Opa als gutherzigen und heimatverbundenen Menschen lobte – eine Rede, die für jeden anderen Dorfbewohner auch zutreffend war – hielten sich die Geschwister im Arm. Sie waren gerade alt genug, um für sich selbst zu sorgen.

Der Sommer ging, der Herbst färbte die Berghänge rot und gelb, der Winter löschte die Farben wieder. Am Abend saßen sie beide vor dem prasselnden Ofen. Hans schwieg, vertieft in seine Schnitzereien. Grete nähte sich eine neue Schürze, sie summte die Melodie von »Wo die Wälder heimlich rauschen«, die sie in der Schule gelernt hatte.

Als Hans anfing, mit zu summen, was er noch nie getan hatte, sah sie auf: Er lächelte und zeigte ihr zwei Holzfiguren, die sich an den Händen hielten, eine mit einer Axt und eine mit einem Rock. Er stellte die Figuren neben den Ofen und schnitzte weiter.

Grete ging in die Speisekammer. An den Nägeln, die früher voll behangen waren, hing nur noch ein Ring Wurst. Der Sack Kartoffeln war leer, ebenso das Regal, in dem Opa früher seine Käsesorten gesammelt hatte. Grete nahm vom obersten Regal eine Dose, in der noch einige Brocken von dem süßen Bärenbrot lagen. Das hatte sie dem Vertreter abgekauft, der im Sommer und Herbst regelmäßig im Dorf vorbeikam und, da er den Opa schon seit Jahrzehnten gekannt hatte, auch immer an ihrem Haus klopfte.

Einen Tag nachdem Hans bei einem Markt gewesen war, begann er zu husten. Dann kam ein Schniefen hinzu, dann Kopfschmerzen und Hans musste sich ins Bett legen. Als Grete seine

Stirn befühlte, erschrak sie über die Hitze. Sie machte ihm Brühe aus Gemüse und Kräutern, legte ihm Wadenwickel an. Eines Abends war er nicht mehr ansprechbar, sie streichelte sein Gesicht, küsste ihn auf die Stirn, legte sich ins Bett nebenan und weinte. Sie dachte daran, wie ihr Leben ohne ihn aussehen würde.

Am übernächsten Morgen schob sie die Vorhänge vorm Fenster zur Seite, die flachen Strahlen der Morgensonne strahlten herein und Hans lächelte sie an. Drei Tage später war er wieder vollständig gesund und sie wieder vollständig glücklich.

Im Frühling begann ein Regen, der fast eine Woche anhalten sollte. Es fing an mit einem Gewitter, ein Sturm, der die Äste von den Tannen riss und sie aufs Haus warf. Der Regen weichte den Erdboden auf, der Weg ins Tal versank im Schlamm. Am Hang gegenüber gab es einen Erdrutsch, als habe jemand einen riesigen Spaten in den Berg gerammt.

Man sah immer weniger Menschen. Grete kam es vor, als ob die Tannen noch dichter, der Wald noch dunkler und das Dorf noch verlassener geworden wären. Sie verließ das Haus immer seltener. Eines Abends legte sich Hans zu ihr ins Bett, nahm sie in seine Arme und berührte sie. Sie starrte an die Wand und tat nichts, während sie seinen Atem im Nacken und seine Hände auf ihrem Körper spürte. Dann drehte sie sich zu ihm.

Die Monate vergingen, Grete aß mehr und immer öfter wurde ihr übel, vom Geruch von Schwarzwurst, vom Geruch von sauren Gurken, selbst der Geruch von Gras ließ sie sich übergeben. Hans brachte ihr Wasser, strich ihr über den Kopf, aber sagte nichts.

Als er den letzten Ring Schwarzwurst aus der Speisekammer holte, sagte er:

»Das Geld wird nicht für drei reichen.«

»Und was willst du machen?«

»Für eine Weile in die Stadt gehen und Geld verdienen, vielleicht bei einem Schreiner.«

»Und was soll ich so lange machen?«

»Ich bin rechtzeitig wieder da.«

Ein paar Tage später zog er los, mit belegten Broten, Wasserflaschen, seinen Holzschnitzmessern und ein paar Figuren im Gepäck. In der Stadt suchte er einige Holzkunstbetriebe auf, er zeigte seine Figuren herum und ein Meister stellte ihn ein, um Verzierungen an Schränken und Betten für reiche Leute anzubringen. Es gab Kost und Unterkunft und ein kleines Gehalt. Wenn Hans im Bett lag und ihm die Arbeit des Tages noch in den Knochen steckte, dachte er an Grete und das Wiedersehen mit ihr, bevor er schnell einschlief.

Nach ein paar Monaten konnte sie ihren Bauch nicht mehr verbergen, selbst in ihrem weitesten Kleid. Sie ging nicht mehr ins Dorf und kaufte nur noch vom Vertreter, reichte ihm das Geld durch die spaltbreit geöffnete Tür und bat ihn, Wurst und Käse und Schwarzbrot neben der Hintertür abzustellen. Sie bedankte sich und als er sich erkundigte, ob alles in Ordnung sei, sagte sie, es wären Kopfschmerzen, sie sei seit ihrer Kindheit so wetterfühlig. Er zögerte und wünschte ihr dann gute Besserung, sie bedankte sich und winkte ihm durch das Fenster zum Abschied. Als er außer Sichtweite war, ließ sie sich auf die

Eckbank fallen, krümmte sich zusammen und hielt sich den Bauch, der sich anfühlte, als ob das Kind von innen an der Bauchdecke schabte.

Tage später wurde der Druck immer schlimmer, und als Grete von der Küche ins Schlafzimmer ging, weil sie vor Krämpfen kaum noch stehen konnte, hörte sie das Platschen von Flüssigkeit auf den Holzdielen. Sie sah an sich herab, auf die Schleimpfütze zu ihren Füßen; sie erinnerte sich an das, was sie über Geburt wusste, und mit Schrecken dachte sie daran, dass es erst in zwei Monaten soweit sein sollte, wenn Hans wieder bei ihr wäre.

Sie schaffte es gerade noch aufs Bett, bevor die Krämpfe so stark wurden, dass sie ihren ganzen Körper ergriffen und ihre Schreie durch die Hütte hinaus durch den leeren Wald hallten. Sie presste und presste stundenlang und irgendwann, als der größte Druck vorbei war, die Krämpfe aufhörten und sie ein leises Schreien hörte, fuhr sie mit ihren Händen zwischen ihre Beine, ertastete die Nabelschnur und schnitt sie mit dem Pilzmesser, das sich in ihrer Schürze befunden hatte, durch.

Sie richtete sich auf, bekam das Kind zu fassen, zog es zu sich hoch und erschrak. Unter der Schicht von Blut und Schleim erkannte sie ein Gesicht, das über und über von Warzen bedeckt war, eine krumme Nase, eine bucklige Gestalt. Ihr Kind, ein Mädchen, sah Grete an, aus seiner Kehle entwich ein zischender Laut, dann verstummte es, verdrehte die Augen und die kleinen Arme und Beine hingen reglos herab. Grete zog den Leichnam an ihre Brust, denn es war ihr Kind, und so abscheulich es auch war, wollte sie, dass es lebte. Sie klopfte ihm auf den Rücken und drückte es an sich, aber es regte sich nicht mehr.

Grete weinte, das Kind rutschte von ihrer Brust und blieb neben ihr im Bett liegen. Sie weinte und weinte und träumte sich weg. Irgendwann wachte sie auf, fühlte das Kind neben sich, sah es an und empfand Abscheu, Hass, Hass auf ihre Missgeburt, Hass auf Hans, der ihr das angetan und sie dann alleine gelassen hatte, Hass auf sich selbst, auf ihren abstoßenden Körper.

Sie kroch aus dem Bett, stütze sich an der Wand ab. Kaum konnte sie gehen, bei jedem Schritt schmerzten ihr die Knie, ihr Bauch krümmte sich und die Überreste der Geburt liefen an ihren Beinen herunter und hinterließen eine Spur, wie blutige zerschlagene Eier auf dem Boden.

Sie packte das kalte Kind an einem Bein, wankte zum Ofen, öffnete die Tür, betrachtete für einen Moment die Flammen und schmiss das Kind hinein. Sie beobachtete, wie die Flammen übergriffen, wie die Haut kohlenschwarz wurde, wie es stank und rauchte, dann schloss sie die Ofentür und verließ das Haus.

Hans hatte eine lange, unbequeme Fahrt und einen mühsamen Aufstieg hinter sich. Am späten Nachmittag erreichte er die Hütte. Er klopfte an und freute sich darauf, Grete zu überraschen. Als ihm niemand öffnete, klopfte er noch einmal, dann noch einmal. Er rüttelte an der Tür, ging um das Haus herum und sah die Blutflecke vor der offenen Hintertür.

Grete irrte durch den Wald. Sie kam nur langsam voran, musste sich immer wieder an Bäumen abstützen. Sie kannte alles Waldgebiet hier, aber jetzt schien ihr alles fremd und sie verlief sich immer mehr, bis die Welt vor ihren Augen verschwamm und sie ein Haus sah, wo eben nur eine Lichtung gewesen war. Sie ging darauf zu und sie sah, dass die Wände aus Kuchen und das Dach aus Lebkuchen waren. In der Tür standen ihre Eltern. Ihre Mutter nahm Gretes Hand, lächelte und begleitete sie nach drinnen.

Hans stürmte durch die Zimmer, fand das Bett leer und blutig, den Ofen qualmend und stinkend. Er ging ums Haus herum, um den Schuppen, um den Brennholzstapel, sah sich in alle Richtungen um und schließlich folgte er dem Weg in den Wald hinein. Dort schaute er hinter Mooshügeln und Felsbrocken, er schaute die Berghänge hinab und sogar in die Wipfel der Tannen hinauf. Als er bereits tief im Wald war und an eine Lichtung kam, sah er seine Schwester am Boden liegend, eilte zu ihr und kniete sich hin.

»Grete!«

Hans nahm ihre Hände, aber sie reagierte nicht. Ihre Augen waren offen und ihr Blick war starr zum Himmel gerichtet.

THOMAS HEINTZ

Von Rebhühnern, einem Genie und seiner Flucht

Steine. Raue, scharfe, kantige Steine, rechts und links, an denen ich mir die Arme aufreiße. Die Gänge hier im Labyrinth sind schmal, der Lehmboden ist feucht und alles sieht gleich aus. Immer trete ich in dasselbe Nichts.

»Immer voraus, weiter voraus. Nur mir nach!«, hat Vater gerufen, bis seine Stimme hinter einer Ecke verschwand. Jetzt dreht er völlig durch. Nicht genug, dass uns König Minos in das Labyrinth werfen ließ, weil Vater ihm die Treue brach. Nein, jetzt schießt Vater auch noch wie ein verirrter Blitz durch die Gänge.

»Vertrau mir, ich kenn den Weg. Schließlich hab ich das Labyrinth entworfen«, waren seine Worte. Als ob! Daedalus, der glorreiche Erfinder und angeberische Alleskönner ist ein Genie der Architektur und steckt nun in seinem eigenen Gefängnis fest.

Ich renn noch immer, meine Füße sind ganz wund. Die Sandalen hab ich längst liegen lassen, um mit Vater Schritt halten zu können. Es geht nach rechts, nach links, die Wand ist mein ständiger Begleiter. Und dann, hinter einer Ecke, ist gekommen, was kommen musste. Da liegt er, der alte Vater, und ist über eine Wurzel gestolpert. Das Knie blutverschmiert, auch im Bart klebt Blut, denn Vater kann das Bartziehen nicht lassen.

»Verdammter Mist! Icarus, hilf mir hoch. Ja, so ist's recht.«

Vater ist unerschütterlich. Obwohl aus seinem Knie immer noch das Blut rinnt, rennt er weiter, diesmal aber etwas langsamer. Sein alter Körper ist gefangen von einem jungen Geist, der Vaters Knochen mal wieder schindet, denn Schmerzen werden gekonnt ignoriert. Vater ist wie immer ein sturer Esel, nur dass er sein eigenes Schreien nicht hört.

»Gleich sind wir draußen. Dann zeigen wir's König Minos.«

»Warte doch!«, rufe ich, doch da ist er schon weg.

Immer wenn ich um eine Ecke biege, seh ich nur noch seine Beine einen Haken schlagen. Dann hole ich aber wieder auf, meine Füße pochen.

»Warum überhaupt die Eile? Hast du was vor?«

»Diesmal wird sich der alte Halunke wundern«, sagt Vater, ohne sich umzudrehen.

»Wundern? Wieso?«, frage ich gehetzt.

»Der denkt wohl, der kann uns auf Kreta einsperren, bis wir verwelken. Wenn wir erst aus dem Labyrinth geflohen sind, verlassen wir die Insel!«

»Jetzt gehen aber die Pferde mit dir durch. Wie sollen wir denn von hier runterkommen, Minos kontrolliert doch auch den Seeweg und alles.«

»Ja, Minos herrscht über Meer und Land. Den Himmel aber kann er uns nicht nehmen«, dabei reißt Vater seine rechte Hand hoch, in der er eine weiße Feder hält.

»Fliegen?!«, frage ich erstaunt.

»Die Idee ist mir eben gekommen, als ich die Feder am Boden fand. Wir machen's wie die Vögel und schwingen uns in die Lüfte.«

Ich bin vom Rennen zu sehr erschöpft, um Vater zu widersprechen. Jetzt spinnt der Alte völlig. Wie soll das gehen? Wer frei wie ein Vogel sein will, braucht Flügel auf dem Rücken. Vater ist zwar ein Genie, aber diesmal ist es mehr der Wahnsinn, der aus ihm spricht.

Dann werden Vaters Schritte langsamer, der Boden fühlt sich nicht mehr lehmig an, sondern weich wie Gras. Wir sind am Ausgang des Labyrinths.

»Geschafft! Endlich draußen!«, ruft Vater triumphierend. Er wirft seine Faust nach oben und schüttelt sie. Aber König Minos kann uns doch gar nicht sehen.

»Jetzt schauen wir erst mal, dass wir einen Unterschlupf bauen. Oh Icarus, deine Arme sind ja ganz rot«, bemerkt er beiläufig.

Ich hab kaum Zeit mich auszuruhen, da befiehlt mir Vater, dass ich losgehen und Stöcke sammeln soll. Ganz viele und große. Schnell ein Lager machen, bevor die Nacht hereinbricht. Ich gehorche gern, dann muss ich nicht mit ihm reden. Heute ist er besonders anstrengend.

Ich gehe in den Wald und mach erst mal ein Nickerchen. Das weiche Moos ist eine Wohltat für meine geschundene Haut. Soll doch der Alte gelb anlaufen vor Tatendrang.

Am Abend wache ich wieder auf, sammle ein paar Stöcke und gehe zu Vater zurück. Doch da steht schon ein kleiner Unterschlupf aus Holz und Blättern. Auch ein Lagerfeuer brennt, über dem Fische braten. Ich hab keine Ahnung, wie er all das in der kurzen Zeit geschafft hat, und am meisten wundere ich mich über die Fische, denn wir sind noch ein gutes Stück vom Meer entfernt.

»Das hat mir zu lang gedauert, Icarus«, sagt er mit einem gütigen Lächeln auf den Lippen. »Setz dich einfach und hilf mir mit dem Essen.«

Fast schäme ich mich für meine Faulheit, aber Vater ist eben Vater und wie ich ihn kenne, hat er mich nur losgeschickt, damit ich ihm nicht im Weg stehe.

Am nächsten Tag verlangt Vater nach Vogelfedern, die soll ich diesmal wirklich selbst holen. Er hingegen stellt Leinenfäden her, die er aus seiner Tunika reißt, und gießt heißes Wachs, das er aus alten Bienenstöcken gewinnt.

Es ist eine furchtbare Arbeit, das Federvieh zu fangen, zu töten und zu rupfen. Zuerst braucht er kleine Federn, von Rebhühnern und Laufenten, dann immer größere. Schließlich lange Schwanenfedern. Auch die Schwäne muss ich töten. Manchmal hab ich Glück, dann find ich ein paar Federn auf dem Feldweg und mein Gesicht bleibt von neuen Pickwunden verschont.

So zerfließen die Tage, die Federn, die ich ihm bringe, bindet er mit Leinenfäden zusammen, hin und wieder schüttelt er seine erhobene Faust, um gegen König Minos zu schimpfen, ich bringe weitere Federn, die Flügel wachsen. Abends sitzen wir am Lagerfeuer, braten die gerupften Vögel und Vater erzählt von seinem begnadeten Talent. Von seinen Erfindungen, von seinen täuschend echten Steinskulpturen. Eine soll Herakles sogar so sehr geähnelt haben, dass der Held sie entrüstet zertrümmert hat. Und Vater erzählt von Perdix, meinem Cousin. Er war einer seiner begabtesten Schüler.

»Nach einem Strandspaziergang kam er mit dem Rückgrat eines Fisches zur Werkstatt«, sagt Vater, als er sich am Bart zupft, »und bildete es aus Eisen nach. So erfand er die Säge, ein Teufelskerl! Doch dann geschah das Unglück.«

Perdix spielte eines Abends zu nah an den Klippen und fiel. Fiel wie ein Stein und zerschellte an der Wasseroberfläche. Die Leute sagen, Vater habe ihn ermordet. Aus Neid auf seinen Einfallsreichtum. »Natürlich Unfug!« Wieder andere behaupten, der fallende Junge wurde von der Göttin Athene in ein Rebhuhn verwandelt, die ihm so das Leben rettete. »Noch größerer Unfug!« Vater redet sich regelrecht in Rage, er schimpft auf die Götter, schimpft auf König Minos und verflucht die ganze Menschheit. Außer mich. Denn diese Stunden des Zorns sind auch die Stunden seiner Zuneigung. Ich sei sein Augapfel, sein süßer Prinz, der zwar schwach an Geist sei, aber dafür umso liebenswerter. Ja, Vater hat wirklich eine sonderbare Art, seine Gefühle auszudrücken. Dennoch durchfließt eine ungewohnte Wärme meine Brust.

Ob Vater Perdix mochte?

Tage kommen, Tage gehen. Ich sammle immer noch Federn und Pickwunden, Vater gießt heißes Wachs auf die Leinenschnüre, seine Tunika steht nur noch in Fetzen, der dritte Flügel ist fertig.

Abends kaut Vater die Geschichte mit König Minos immer wieder und wieder durch. Wie er ihm zuerst half, Minotauros auf ewig in das Labyrinth zu verbannen, ohne ihn umbringen zu müssen. »Grandios ausgetüftelt! Einfach Grandios!«, soll der König damals laut ausgerufen haben. Und wie Vater dann Theseus durch seine schlaue Idee half, Minotaurus zu töten. »Daedalus, du Genie!«, soll Theseus gesagt haben, während der König brodelte. Ja, Vater ist wie ein Segel im Wind, wenn es darum geht, den Leuten ein Lob für seinen klugen Geist zu entreißen. Deswegen sitzen wir auch hier. Doch nicht mehr lange. Denn morgen ist der letzte Flügel fertig und wir werden fliehen, verspricht Vater, der mir über meine Haare streicht. Seine sehnige Hand fühlt sich auf meinem Kopf angenehm warm an. Manchmal ist er ein echter Querulant, aber immerhin hat er eine Lösung parat. Das mit dem Fliegen wird hoffentlich funktionieren, ich hab keine Lust mehr auf Kreta. Dann lege ich mich erschöpft schlafen und träume friedlich vor mich hin.

Ich träume von den Flügeln und wie ich in die Lüfte steige. Immer höher, immer schneller, wie ein Vogel nur ohne Schnabel. Der Wind peitscht mir ins Gesicht, doch der Schmerz fühlt sich richtig an, ich schreie vor Freude. Immer weiter steige ich hoch, ich grüße die Wolken, ich verachte die Erde, ich spucke auf das Meer. Plötzlich fliegt Perdix neben mir, seine Flügel sind bräunlich wie die von einem Rebhuhn, er lächelt mich an. Auf, auf, höher und höher, die Sonne erwartet uns schon, unsere Körper sind ein einziger Rausch, jeder Flügelschlag ein Orgasmus, die Luft schmeckt nach Zucker, das Leben ist so schön, wenn man frei ist! Perdix lacht vor Glück, auch wenn sein Lächeln schief aussieht.

Am nächsten Morgen weckt mich Vater, der bereits die letzten Flügelreihen mit Wachs fixiert hat. Alles steht bereit, wir lassen uns nicht mal die Zeit, etwas zu essen. Vater ist voller Vorfreude. Wir gehen zu einer Klippe, die Flügel tragen wir unter unseren Armen. Sie sind weiß-braun gescheckt durch die Schwanen- und Rebhuhnfedern. Ich muss an den armen Perdix denken und an meinen Traum. Was wohl aus dem kleinen Erfindergeist geworden wäre? Er hätte bestimmt auch eine Lösung für unsere Gefangenschaft auf Kreta gefunden. Vielleicht hätte er einen Tunnel gegraben oder eine riesige Steinschleuder gebaut. Einfach etwas richtig Geniales, worauf ich nie im Leben kommen würde und vielleicht nicht einmal Vater.

Ob die Leute daheim in Athen noch seinetwegen tuscheln?

Dann bindet Vater die Flügel an mich, ganz eng, die dicken Leinenfäden schneiden mir ins Fleisch, die Flügel liegen schwer auf meinen Schultern. Kurz breitet sich Beklemmung in mir aus, aber diesmal kann ich Vater vertrauen, denke ich. Auch er bindet die Flügel an sich, er schaffte es ohne meine Hilfe. Dann umarmt er mich, unsere Flügel verkeilen sich fast ineinander.

»Gleich gehört der Himmel uns! Eine Schande, dass Minos uns nicht sehen kann!«

Ich nicke ihm lächelnd zu.

»Aber noch ein Wort der Warnung, Icarus. Flieg nicht zu nah an die Sonne, sonst schmilzt das Wachs. Aber flieg auch nicht zu tief, sonst macht die Gischt deine Flügel schwer. Folge mir einfach.«

»Ja, Vater!«

Dann gehen wir ganz nah an die Klippen, unsere Zehen umfassen den Vorsprung. Wir halten kurz inne, dann ist er bereit, Vater springt und ich … ich kann nicht und schaue ihm nur hinterher.

Doch Vaters Flügel schlagen nicht, er fällt einfach und fällt, seine Arme hängen verzweifelt in der Luft. Ich will ihm helfen, will springen. Vater stürzt weiter, ich stehe auf der Klippe, mein

Atem zerreißt, meine Schreie erreichen ihn nicht, Vater wird immer kleiner, ist nur noch ein Punkt, nach dem die Wellen greifen. Vater ist verschwunden. Mein Körper pulsiert.

Seit diesem Vorfall sind vierzehn Jahre vergangen. Ich lebe noch immer auf Kreta und denke nicht mehr an Flucht, ich denke auch kaum an Vater, sondern an Ariane und unsere Kinder. Ab und zu legt ein Schiff aus Athen auf Kreta an. Wenn wir die Athener auf einen Wein in unser Haus einladen, erzählen sie von sagenhaften Geschichten. Zum Beispiel von Daedalus, dem Genie, der sich in die Lüfte erhob, der Insel entfloh, um König Minos ein letztes Mal zu verspotten. Heute lebe er an einem unbekannten Ort, weit zurückgezogen, um seinen Erfindergeist in Ruhe entfalten zu können. Manchmal hinterlasse er für die Außenwelt geheime Botschaften, die er in Holzplatten ritzen würde und dann mit Wachs überziehe. Tragisch nur, dass sein schwachgeistiger Sohn den Flug damals nicht überlebte, zu verlockend war ihm der Aufstieg zur Sonne, die seine Flügel verbrannte.

Bei solchen Mythen, die sich ständig verändern, nehme ich immer einen großen Schluck Wein aus dem Krug, lehne mich zurück und höre zu, wie die Legende um Vater immer weiter wuchert.

THOMAS HEINTZ

Wenn Frau Menke kommt

»Mama will sterben«, sagt meine Schwester am Telefon.
 Obwohl mich die Nachricht nicht überrascht, schweige ich.
 »Wann?«, frage ich schließlich, als mir die Stille unangenehm wird.
 »Schon bald.«

Es ist ein sonniger Tag im Juni, als ihr Anruf kommt. Ein Tag wie viele andere, nur dass die Hitze einem fast den Atem nimmt und Mama sterben möchte. Ich gebe meiner Mitbewohnerin Bescheid, dass ich übers Wochenende zu meiner Familie fahre, sie soll sich keine Sorgen machen und sich um unsere Katze kümmern. Ich höre ihre Antwort auf der Mailbox gar nicht erst ab, ich packe meine Sachen ohne nachzudenken, denn zum Nachdenken fehlt mir die Zeit und die Lust. Am nächsten Tag ist zum Glück Wochenende. Doch auch ohne dieses Glück hätte ich einfach die Uni geschwänzt. Ich gebe der Katze noch ihr Futter und steige ins Auto. Das Lenkrad in meiner Hand ist wie Knete. Ich lasse die Fensterscheiben runter, der Fahrtwind schneidet mir ins Gesicht, es ist laut, ich fahre schnell.
 »Das ist mein Tod, der gehört mir«, hat Mama immer gesagt. Mein Leben, mein Tod. Das ist zu ihrem neuen Motto geworden.

Ich komme bei meiner Familie an. Meine Schwester Magda öffnet mir die Haustür. Sie nimmt mich kurz in den Arm, ihr

Körper fühlt sich schlanker an als sonst, wahrscheinlich macht sie wieder mehr Sport, seitdem sie ihren Master hat.

»Cool, dass du schon da bist. Mama schiebt grad ganz gute Laune, aber mach dir keine Hoffnungen.«

Ich werde Mama den Unsinn austreiben, denke ich mir, auch wenn sie fest entschlossen ist. Natürlich ist es ihr Leben, aber wir hängen mit dran.

Sie sitzt im Wohnzimmer vor dem Fernseher in ihrem elektrischen Rollstuhl, der Katheterbeutel hängt an der Seite schlaff runter. Es läuft eine Sendung über Tiere, über Robbenbabys, die in einen neuen Zoo gebracht werden. Mama hat sich nie für Tiere interessiert. Gleichgültig starrt sie auf die Mattscheibe.

»Mama! Bin da.«

Sie hört mich nicht. Sie hat auch das Klingeln nicht gehört. Immer stellt sie den Fernseher zu laut. Dann dreht sie doch den Kopf langsam zur Seite, das Sonnenlicht scheint ihr ins Gesicht, ihre Wangen sehen aus wie verrunzelte Äpfel. Sie schaut mich an und ihr Blick verrät, dass sie sich freut, mich zu sehen. Dann sagt sie: »Magda hat dir Bescheid gegeben. Ist doch so?«

Die Sätze spricht sie langsamer als nötig. Sie will sichergehen, dass sie die Wörter klar und deutlich artikuliert. Immer muss sie ihrer Krankheit Würde verleihen, etwa so, wie man einer Leiche das Gesicht schminkt.

»Mama«, sage ich und gehe weiter auf sie zu. »Wie geht's dir?«

Pause.

»Siehst du doch. Bald wollen die mir ne Magensonde legen.«

Jetzt merke ich, dass ihr das Sprechen doch mehr Kraft abverlangt, als ich zuerst dachte.

»Ach komm, wird schon«, sage ich leise. Ich spüre selbst, dass meine Worte achtlos gewählt sind. Deswegen spreche ich nicht weiter, sondern halte ihre Hand. Einfach nur halten, nichts sagen, halten. Jetzt starren wir gemeinsam auf den Fernseher.

ALS. Amyotrophe Lateralsklerose hieß die Diagnose vor zwei Jahren. Eine degenerative Erkrankung des motorischen Nervensystems, die zu Muskelschwäche und Muskelschwund führt, klärte mich Wikipedia damals auf. Motoneurone, die keine Reize mehr an die Muskeln weitergeben.

All das bedeutet, dass Mamas Körper wie ein Gemüse vor sich hinwelkt, bis sie stirbt, wie sie selbst sagt. Zuerst waren es die Arme, die sie nicht bewegen konnte, dann der Oberkörper und die Beine. Die Hände sind ihr noch geblieben und das Schlucken und das Sprechen.

Ich streiche über Mamas Hand und betrachte den feinen Speichelfaden, der an ihrem Mundwinkel herunterläuft.

»Nächste Woche kommt die Sterbebegleiterin«, sagt Papa, während er das Wohnzimmer betritt und Mama übergeht, als ob sie bereits das Sprechen verloren hätte. »Danach wird alles schnell gehen.« Seine Worte füllen den Raum mit Hektik, ich ignoriere sie.

Mama wird sich wieder beruhigen. Damals wollte sie sich auch nicht an den Rolli gewöhnen, jetzt ist er ihre Beine auf Rädern. So wird es auch mit der Sonde sein. Außerdem hat sie ja noch uns. Und eine Entscheidung für den Tod wäre auch eine Entscheidung gegen Papa, Magda und mich. Mein Magen fühlt sich flau an.

»Du kannst uns doch nicht allein lassen«, sage ich zu Mama. Sie schweigt. Dann tritt Magda an mich ran und bittet mich in die Küche. Widerwillig folge ich ihr.

»Was wird das?!«, fragt Magda. Ich sehe sie nur an. »Mama will es eben abkürzen.«

»Sie weiß doch gar nicht, was sie will!«

»Und was willst du jetzt eigentlich? Wo warst du denn die letzten Wochen?«

»Hör auf! Du weißt genau, dass ich Uni hab.«

»Scheiß drauf! Wär schön gewesen, wenn du mal öfter da gewesen wärst. Dann wärst du jetzt nicht so fertig.«

»Woher hätt ich wissen sollen, dass Mama plötzlich ernst macht?«

»Weiß nicht, ist jetzt eben so!« Magda wirkt so ekelhaft gefasst.

Stille breitet sich aus. Das Metall der Rollstuhlrampe, die zur Küche führt, glänzt unbeteiligt. Ich weiß nicht, was ich sagen soll, auch wenn es in mir tobt.

»Denkst du, ich find's geil, dass Mama ihr Verfallsdatum selbst festlegt?«, Magdas Stimme wird zum ersten Mal zittrig. »Denkst du, Papa klatscht Beifall, dass Mama ihrem Tod entgegenspringt?«

»Aber es gibt doch Sprachcomputer, Beatmungsgeräte und ...«, dabei zögere ich, »... Hoffnung«.

»Laber keinen Scheiß!«, wird Magda laut.

»Aber – «, setze ich wieder an, doch Magda unterbricht.

»Wenn Mama sterben will, dann darf sie sterben!«

Ihre Stimme bebt. Wie Stacheldraht stehen ihre Worte im Raum. Magdas Augen schwimmen im Wasser. Mein Bauch zieht sich zusammen, auch meine Augen werden jetzt feucht, ich laufe durchs Wohnzimmer an Mama vorbei, gehe nach oben, schlage die Tür meines Zimmers zu.

Ich schmeiß mich aufs Bett und drück mein Gesicht ins Kopfkissen. Mein Körper ist heiß, mein Körper ist kalt. Mama will sterben und wir stehen alle am Rand und winken ihr zu. Ich heule, das Kopfkissen ist wie ein riesengroßes Taschentuch, es saugt alles gierig auf, Rotz, Tränen, Speichel. Mama stürzt sich in den Abgrund und reißt uns alle mit. Ich höre mich selber schreien, meine Worte gerinnen an der Luft, mein Atem steht in Fetzen, Mama zimmert ihren eigenen Sarg.

Dann nehme ich meinen Kopf aus dem Kissen und starre auf die Zimmerdecke. Der Schmerz nimmt mir die Kraft und ich versuch, mich zu beruhigen. Die Decke schaut auf mich herab.

Zwei Jahre ist es jetzt her, als die ganze Scheiße anfing. Damals im Skiurlaub. Mama sprach von einer Prellung am rechten Arm, muss wohl in den Schnee gefallen sein. Dann lief ihr beim Zähneputzen der Schaum an der Hand runter, alle lachten, am Boden bildete sich eine trübe Schaumpfütze. Am nächsten Tag gingen wir wieder auf die Piste, nur nicht Mama, die fühlte sich schwach. Abends saßen wir vor dem Kamin, spielten Ligretto, Mama verlor. Wochen später daheim bewegte sie sich komisch, sie lief wie mit Flossen, eine Tasse mit der Aufschrift I AM THE BOSS fiel ihr runter und keiner lachte mehr. Sie ging zum Arzt, der schüttelte den Kopf, sie ging zum nächsten Arzt, der trug eine weiße Fliege und war nicht nur Arzt, sondern Professor. Er wusste Bescheid, er nickte mit dem Kopf, die Prellung war keine Prellung, sondern ALS.

Dann wird mein Körper ganz müde, ich schlafe ein und versinke in einen Traum.

Überall sind grelle Farben, die Luft schmeckt nach Salz. Ich bin mit Mama am Strand, sie im Schneidersitz und ich im Rollstuhl. Dann lacht sie mich an und schlägt ein Rad, der Sand spritzt mir ins Gesicht. Ich will aufstehen, mein Po klebt wie alter Kaugummi am Rolli, meine Arme hängen nur runter, einfach nur runter.

Dann verwandelt sich der Strand in ein Meer aus bunten Stecknadeln, Mama schlägt weiter Purzelbäume, ihre Hände bluten. Die Sonne blendet und blendet mich, ich kann nichts machen außer Augen zu, aber auch das tut weh. Mama nimmt mich in den Arm, sie redet in einer Phantasiesprache auf mich ein. Ich weiß, sie will mir helfen, aber alles ist so schrecklich. Mama schlägt wieder Saltos, ein Rabe schreit in mein Ohr, die Sonne scheint mir noch immer ins Gesicht, alles wird gnadenlos hell und ich verbrenne.

Am nächsten Morgen ist mein Kopf trotz der schlimmen Nacht erfüllt von einer sanften Leere. Mein Bett sieht verwüstet aus. Das Spannbetttuch schlägt riesige Falten, das Kopfkissen ist beschmiert mit eingetrocknetem Rotz, aber irgendwie fühlt sich der Anblick auf eine seltsame Art gut an.

Ich gehe ins Esszimmer. Papa hat Frühstück vorbereitet, Mama sitzt auch schon da, nur Magda liegt noch in den Federn. Ich schmiere mir ein Brot, während Mama dasitzt und zuschaut. Sie isst immer erst dann, wenn wir fertig sind, und für sich allein. Sie mag es nicht, wenn man sieht, wie ihr der Speichel über das Kinn läuft, wie ihr die Brotkrümel aus dem Mund fallen. Aber sie mag es, bei uns zu sitzen.

Heute trägt sie ein schulterfreies, weißes Kleid. Das hat ihr wahrscheinlich Papa ausgesucht, denn es sieht viel zu schick aus für zu Hause. Außerdem erkennt man jetzt deutlich, wie sich ihre Schulterknochen von ihren Oberarmen abzeichnen. Wo früher mal Muskel war, ist jetzt schlaffe Haut.

»Herrliches Wetter«, sagt Mama.

»Vielleicht können wir nach dem Frühstück ein wenig rausgehen. Papa, gibst du mir mal die Marmelade?«

Mama nickt mir zu. Dann kommt Magda rein, ihr Gesicht liegt in Falten, als hätte sie kaum geschlafen.

Wir sehen uns nicht an, jeder isst für sich allein, nur nicht Mama, die schaut immer noch zu.

»Tut mir leid wegen gestern«, sagt Magda.

»Schon okay.«

»Ich wollt nich so hart sein.«

»Schon okay«, wiederhole ich mit Nachdruck.

Mir ist es unangenehm, vor Mama wegen einer Sache über Mama zu reden. Ich senke meinen Blick, schaue auf mein Brot, schaue aus dem Fenster. Draußen laufen Kinder mit überladenen Schulranzen die Straße entlang. Ein Junge rennt ganz schnell, weil der Bus kommt.

Ich frage mich, ob Mamas Schüler eigentlich wissen, was los ist. Frau Kruschel hat Krebs, ganz sicher. Oder einen Schlaganfall, werden sie tratschen. Vielleicht macht die Kruschel auch nur dauerblau, weil sie keinen Bock mehr auf uns hat. Dabei war sie eigentlich ganz okay.

Nach dem Frühstück gehen Mama und ich spazieren. Mit ihrem elektrischen Rollstuhl ist das kein Problem, nur haben die von der Baufirma die Rampe zur Haustür raus ein wenig zu schmal gebaut. Auch wenn ihr jegliche Kraft in den Armen fehlt, umfasst die Hand umso fester den Joystick.

»Da hat dir Papa aber ein echt schickes Kleid rausgesucht.«

»Ach was, das war ich«, lacht sie. »Ich will in meinen letzten Tagen noch was hermachen.«

Mir tut es weh, dass Mama ihren Tod so beiläufig erwähnt, aber ich versuche, mich darauf einzulassen.

»Wann ist es denn ... soweit?«, zittere ich aus meinem Mund heraus.

»Sonntag in zwei Wochen.«

»Du bist immer noch entschlossen? Ich mein, hast du dabei auch an uns gedacht?«, sage ich ohne Vorwurf.

Meine Lippen fühlen sich taub an. Mama ignoriert die Fragen, dann sagt sie wehmütig: »Es ist schlimm, dass ich so aus dem Leben gehen muss.«

»Musst du doch nicht, es gibt Geräte, Sprachcomputer ...«

»Ich weiß. Der Mann von der Krankenkasse war schon da mit so nem Teil.

»Und?«

»Damit kling ich wie ein Anrufbeantworter«, sagt sie mit einem krummen Grinsen im Gesicht, das gegen die Muskelschwäche ankämpft.

»Es geht aber nicht nur um den Computer.«

»Ich weiß.«

Der Weg macht eine Kurve, es geht steil bergauf. Mama steckt die Neigung besser weg als ich, ich schnaufe.

»Wir haben das doch schon oft besprochen.« Sie zeigt mit dem Kopf auf ihren Urinbeutel. »Hat das noch was mit Würde zu tun?«

Ich schweige.

»Bald werd ich nicht mehr essen können. Nicht richtig schlucken, lachen, sprechen. Und dann das Atmen. Willst du, dass ich mich in den eigenen Tod röcheln muss?«

»Es gibt doch Langzeitbeatmung! Die machen dir nen Luftröhrenschnitt, dann kommst du an die Maschine.«

Ich weiß selbst, dass mein Einwand dumm ist, ich weiß aber nicht, was ich sonst sagen soll.

»Nele!«, pafft mich Mama an. Ich spüre, dass ich zu weit gegangen bin.

»Willst du etwa, dass ich wie eine Kartoffel nur noch dalieg und vor mich hin vegetier? Seid ihr dann alle da, um ne lebende Leiche zu pflegen?«

Ich will was sagen, doch Mamas Worte nehmen mir meine.

»Kannst du dir vorstellen, wie es ist, nur noch deine Augen bewegen zu können, gefangen im eigenen Körper, so blöd wie das klingt? Dem Leben beim Leben zuzuschauen, während deins an dir vorbeizieht?«

Sie macht eine Pause.

»Ich will auch keinem mehr eine Last sein.«

»Aber das bist du doch nicht.«

»Ach Nele, sei doch nicht so naiv. Würdest du dein Studium schmeißen, damit du mir den Arsch abwischen kannst?!«

Mamas Worte sind wie Schläge in den Magen, auch wenn ich mich auf sowas vorbereitet hab.

»Jetzt kann ich noch gehen, bevor mir die Krankheit meine letzten Freuden nimmt.«

Dann schweigen wir beide. Ich, weil ich nicht weiß, was ich sagen soll, und Mama, weil das Sprechen sie anstrengt.

Der Weg führt bergab, sie muss mit dem Rolli bremsen. In der Ferne hört man Kinder im Fluss baden und herumtoben.

»Ich möchte übrigens, dass ihr bei mir seid, Hand in Hand, wenn ich die Medizin trinke.«

Dabei bleibe ich stehen. Mama fährt unbekümmert weiter. Ich frage leise und unsicher:

»Wir sollen dir beim Sterben zusehen?!«

»Das tut ihr doch eh schon jeden Tag«, antwortet Mama trocken. Wieder ärgere ich mich über meine blöden Worte, die einfach nur aus mir rauspurzeln. Bei Mamas Tod dabei zu sein, ist schlimm. Noch schlimmer ist es aber, nicht dabei zu sein.

Den Rest des Weges schweigen wir, das Gespräch hat Mama sehr erschöpft, sie schnauft wie eine alte Dampflock. Uns kommen Passanten entgegen. Manche gucken betreten weg, manche grüßen uns überschwänglich, so als hätte die kranke Frau im Rolli ein bisschen mehr Freundlichkeit verdient als alle andern Nicht-Kranken.

Kurz vor unserem Haus hält Mama an und dreht sich zu mir hin. Sie wirkt ganz klein, wie sie da vor mir sitzt in ihrem weißen Kleid und dem zu dünnen Körper. Mit ganz weichen Augen sagt sie: »Ich möchte einfach, dass ihr ...«, sie macht eine kurze Pause, » ... Magda, Papa und du – das Letzte seid, das ich sehe und spüre, wenn ich sterbe.«

Ich geh auf mein Zimmer, wo es angenehm kühl ist. Ich hör Musik, so wie früher als Teenie, wenn mein Meerschweinchen gestorben ist oder mein Freund mit mir Schluss gemacht hat. Einfach nur Musik hören, laut, nicht denken, nur dem Klang hingeben. Mama sitzt im Wohnzimmer und sieht fern.

Am Abend hockt sie wieder allein beim Essen. Ich bin mit Papa im Wohnzimmer, der ein Buch über die Entstehung und das Vorkommen von Wanderdünen liest.

»Mama hat mir heut gesagt, dass wir alle dabei sein sollen, wenn sie ihren Giftcocktail trinkt.«

Er hebt den Kopf von seinem Buch.

»Ja?«, setzt er an, »Willst du etwa nicht dabei sein?«

»Natürlich will ich bei Mama sein, wenn's so weit ist. Aber ich weiß auch nicht.«

Papa schweigt mich ratlos an.

»Das alles ist so ungerecht.«

»Klar, Nele. Keiner will, was wir durchmachen müssen«, versucht er mich zu trösten. »Aber auch keine will ALS, jetzt ist's leider so.«

»Das Ganze ist immer noch so sinnlos.«

»Vielleicht gibt Mama ihrem Leben einen letzten Sinn«, Papa schlägt das Buch zu. »Sie entscheidet, wann alles zu Ende ist, bevor die Krankheit es tut. Ich weiß auch nicht.« Dann runzelt er mit der Stirn, sodass seine viel zu große Lesebrille verrutscht.

»Ist halt alles noch so unwirklich. Klar will Mama nicht so würdelos sterben, aber das ist doch irgendwie auch scheiße«, sage ich.

Papa starrt nur noch auf sein zugeklapptes Buch. Dann legt er es weg und nimmt mich in den Arm. Ich lehne mich gegen ihn und lasse alles zu, was in mir geschieht. Die Trauer. Die Wut. Die Hilflosigkeit.

Später am Abend kommt Magda zu uns, auch Mama ist mit dem Essen fertig. Wir spielen Karten, so wie früher. Magda bescheißt wie immer, diesmal ist es für sie sogar noch einfacher, weil sie jetzt besser in Mamas Karten spicken kann. Papa und Mama zanken sich ein wenig, weil keiner von beiden verlieren will. Kurz nach Mitternacht lege ich mich erschöpft ins Bett.

Vielleicht ist es ja sogar vernünftig, dass Mama selbst entscheidet, wann sie stirbt.

Die nächsten Tage laufen ab, als hätte jemand einen dünnen Metallstift in ein Uhrwerk geklemmt. Familie Kruschel wieder glücklich vereint, auch wenn die Umstände alles andere als glücklich sind. Ich gehe nicht zur Uni, meine Mitbewohnerin hält in der Wohnung die Stellung, meine Katze muss warten. Magda hat jetzt eh ihren Master und wohnt wieder daheim, Papa ist schon seit zwei Jahren in Rente. Wir unternehmen viel, um uns alle davon abzulenken, dass Mama bald sterben wird. Familie Kruschel geht ins Museum. Eigentlich geht nur Papa, denn wir anderen stehen vor den Ausstellungsstücken und finden das langweilig und ich versteh auch nicht, was es bringen soll, noch Wissen anzuhäufen, wenn Mama es eh bald zu Grabe tragen wird.

Wir gehen viel spazieren, gehen zur Landesgartenschau, gehen in den Zoo, auch wenn Mama noch immer keine Tiere mag, aber Robbenbabys will sie doch mal sehen, bevor sie geht.

Alles ist ein großes Abschiednehmen. Das letzte Mal Eis essen, das letzte Mal einen schlechten Film sehen, das letzte Mal im LIDL einkaufen. Aber da ist auch Freude, denn alles ist auf einmal so intensiv und das Leben leuchtet in manchen Augenblicken in ungewohnt hellen Farben. So, wie Mama zwei Kugeln Eis in der Waffel bestellt, Kokosnuss und Waldmeister. Und sie isst es vor uns allen. Eigentlich schlabbert sie mehr, als dass sie isst, an den Mundwinkeln läuft ihr mintgrüner Sabber runter. Aber dieses eine Mal seit Langem ist es ihr egal, dass sie ihr T-Shirt bekleckert, dass sie dabei aussieht wie ein

Kindergartenkind, dem aufgeweichte Waffelbrösel aus dem Mund quellen. Sie lacht, und auch Papa, der ihr die Eistüte hinhält, muss grinsen.

Dann kommt der Tag, an dem uns die Sterbebegleiterin besucht. Mama hatte bereits viel mit Frau Menke telefoniert und sie war auch schon mal da. Heute aber treffe ich sie das erste Mal. Die Haare zur grauen Wolke aufgetürmt, geht sie gemächlichen Schrittes auf uns zu. Ihr routinierter Gang verrät, dass Mama natürlich nicht die erste ist, sondern eine von vielen. Trotzdem hasse ich die Sterbebegleiterin dafür. Nicht dafür, was sie ist, denn sie sieht aus wie eine liebevolle, ältere Frau, sondern dafür, was sie tut.

Frau Menke erklärt noch einmal ganz ausführlich, wie alles ablaufen wird. Sie macht das so präzise, als wolle sie mit Mama eine Bank ausrauben und sichergehen, dass alles klappt.

Wir werden nach Zürich fahren, wo Mama ein Rezept von einem Arzt ausgestellt bekommt, denn in Deutschland ist sowas nicht erlaubt. Assistierter Suizid nennt man das, denn Mama nimmt die Medizin selbst und ohne ärztliche Hilfe ein.

Es wird ein Kleintransporter kommen mit großen Fensterscheiben, Mama besteht darauf, denn sie will in den letzten Stunden noch rausgucken können und sehen, was sie hinter sich lässt. Mama stellt viele Fragen, sie will über alles genau Bescheid wissen.

Wie viel sie von der Medizin schlucken muss? Bekommt sie einen Strohhalm? Schmeckt es bitter? Ist der Arzt verheiratet? Wie schnell wird sie einschlafen? Wachsen Blumen in der Sterbeeinrichtung, in die sie gebracht wird?

Ja, Mama wäre die perfekte Komplizin für einen Banküberfall.

Frau Menke ist sehr geduldig, auch das wirkt routiniert. Mama rümpft die Nase, das kann sie noch, denn in der Sterbeeinrichtung wachsen keine Tulpen. Aber das ist dann auch egal, denn schließlich ist die Einrichtung kein Rosengarten, das Leben kein Wunschkonzert und der Tod kein Ponyhof.

Dann stellt die Sterbebegleiterin eine letzte Frage an Mama, im Raum wird es stiller, als es ohnehin schon ist: »Frau Kruschel, wenn es Ihnen zu schnell mit dem Termin geht, dann sagen Sie's mir bitte.«

Meine Augen sind auf Mama gerichtet. Sie vermeidet jeden Blickkontakt, starrt nur auf die Lehne ihres Rollstuhls und schüttelt sachte den Kopf. Mein Magen pulsiert.

Spät am Abend verlässt uns Frau Menke wieder und es gibt ein letztes Wiedersehen in einer Woche. Zurück bleibt ein Gefühl der Leere, aber auch der Entspannung, denn Mama hat jetzt eine Perspektive.

In den darauffolgenden Tagen geht viel Zeit für die letzten Planungen drauf. Mama organisiert ihre eigene Beerdigung, bitte keine Lieder mit religiösem Inhalt spielen, lieber »Bye, Bye, Baby« von den Bay City Rollers, denn da wird keiner genötigt mitzusingen. Dann geht es um den Sarg. Lieber Eichenholz oder Fichte und gibt es den auch noch in hell oder sind das Särge von der Stange? Mir tut es weh zu sehen, wie sachlich Mama dabei vorgeht und die Rechnungen durchkalkuliert, denn schließlich will sie uns kein finanzielles Loch hinterlassen. 7000 Euro für die organisierte Begleitung in den Freitod sind bereits eine Wucht.

Es kommen viele Freunde von Mama zu uns, um ihr Lebewohl zu sagen. Auch viele Lehrerkollegen sind dabei und einmal kommen sogar Schüler von ihr, die nur betreten schweigen, aber es ist ja der Wille, der zählt, und jetzt wissen die Bälger auch, dass Mama nicht einfach blaumacht, sondern sterben will. Bei solchen Besuchen verdrücken Magda und ich uns in mein Zimmer, anderen Menschen beim Trauern zuzusehen und Händchen zu halten ist dann doch zu viel. Ich weiß selbst noch nicht, ob ich Mama in ihren letzten Minuten nach dem Giftcocktail beistehen kann, mein Bauch kocht dann immer, wenn ich mir das vorstelle.

Papa macht das ganz gut mit den Leuten, für jeden hat er warme Worte, denn Mamas Sprechen wird tatsächlich immer schlechter, so als hätte sie Zahnarztbesteck im Mund.

In der Nacht vor Mamas Abschied liege ich unruhig im Bett, bis ich schließlich kraftlos einschlafe und träume.

Ich bin wieder ein kleines Kind, die Welt um mich herum dreht sich in gewohnten Bahnen, ganz langsam. Meine Mama hält meine Hand, sie ist warm und fleischig. Wir gehen einen langen Gang entlang, einfach nur geradeaus, ohne Ziel, ohne Sinn, aber ihre Hand ist immer noch warm und meine Mama ist meine Mama.

Dann wird alles blass und grau, die Welt dreht sich wieder, aber diesmal geht es so schnell, mir wird schlecht, Mama drückt meine Hand so fest, dass es wehtut, ich schreie und bin kein kleines Kind mehr, sondern ganz groß und stark, Mama bleibt klein, ich fühle keinen Druck mehr in der Hand, alles dreht sich weiter, so furchtbar schnell, der Raum ist Geschwindigkeit, hier ist kein oben und unten und überhaupt tut alles nur noch weh. Plötzlich bleibt der Raum abrupt stehen. Mein Kopf schlägt hart gegen eine Wand.

Wo ist Mama?

Als ich am nächsten Morgen aufwache, liege ich im eigenen Schweiß. Dann geht alles ganz rasch, furchtbar rasch, alle sind so geschäftig. Mein Körper fühlt sich trotzdem taub an. Frau Menke kommt mit einem weißen Transporter, die Fensterscheiben sind wirklich groß, wir lassen alles hinter uns, das Haus, die Nachbarschaft. Es geht über Berg und Tal, dann durch Tunnel, Hügel reihen sich an Hügel, alles nimmt mir die Orientierung, wir sind in Zürich. Ein Arzt verschreibt Mama das letzte Medikament, der Arzt trägt keinen Ring, er scheint nicht verheiratet zu sein. Wir fahren weiter, raus aus Zürich, auf eine kleine Anhöhe, auf der ein Wald thront. Dort steht ein hellblaues Haus, ganz unscheinbar, nur der Garten mit einem großen Teich fällt ins Auge. Wir sind angekommen. Hier wird Mama sterben.

Frau Menke zeigt uns das Sterbehaus. Alles ist sehr liebevoll eingerichtet, es wirkt ganz friedlich. Nur dass im ganzen Haus verteilt Taschentuchboxen auf den Tischen liegen und ein Bett im Wohnzimmer steht. Das Bett ist wie ein Fremdkörper im Raum.

Dann gehen wir in den Garten, der Mama sofort gefällt. Es wachsen dort zwar wirklich keine Tulpen, aber die grüne Wiese sieht so satt aus, so weich, dass man sich gerne einfach nur hineinlegen möchte.

»Hier«, sagt Mama und die Sterbebegleiterin versteht sofort.

Danach folgen wir Frau Menke zurück ins Haus. Mama muss ein paar letzte Dokumente unterschreiben, eine Einwilligung für das, was gleich mit ihr passiert. Mit einem festen Griff umklammert sie den Kugelschreiber. Die Hände sind ihr noch geblieben.

Frau Menke sagt, dass wir uns so viel Zeit lassen können, wie wir brauchen, gerne können wir noch einen Spaziergang machen. Doch Mama ist müde. Müde vom Tag und eigentlich von allem. Sie will lieber, dass wir in den Garten gehen, lieber noch ein wenig Ruhe, dasitzen und dem Tag beim Ausatmen zusehen, wenn es Abend wird.

Wir setzen uns auf die Wiese vor dem Teich, Papa hievt Mama aus dem Rolli. Muss sich befreiend anfühlen, endlich wieder Gras am Hintern zu spüren statt ständig Kunstleder. Magda und ich stützen sie beim Sitzen.

Mama möchte, dass ihr Katheterbeutel entleert wird, bevor es so weit ist. Frau Menke nimmt ihn mit und lässt uns allein.

Wir sitzen mitten im Sonnenlicht, Mama will es so, denn Schatten konnte sie noch nie leiden, auch jetzt nicht, dafür schwitzen wir alle.

Von der Anhöhe aus sieht man die Stadt. Autos fahren auf den Straßen, aus den Schornsteinen quillt der Rauch und irgendwo leuchtet ein Blaulicht.

Papa ist immer noch ruhig, ganz ruhig, als würde auch er gleich in einen tiefen Schlaf fallen. Magdas Augen sind rot, ich glaube, das kommt von der Hitze. Ich halte Mamas Hand und stütze ihren Kopf, ihr Haar fühlt sich weich an.

Dann drücke ich ihre Hand noch fester und schaue auf den Teich, der wie Quecksilber schimmert.

Auch Papa umfasst Mama jetzt fester und Magda drückt sich ganz eng an uns.

Irgendwann kommt Frau Menke zu uns und befestigt den Katheterbeutel wieder. Dann sagt Mama, dass sie so weit sei. Frau Menke verschwindet kurz im Haus, jetzt wird Mamas Händedruck stärker.

Frau Menke reicht ihr das Glas mit der im Wasser aufgelösten Medizin, in dem ein langer Strohhalm schwimmt. Die Flüssigkeit sieht aus wie ein Glas kalte Milch, nur weniger weiß.
    Dann fragt die Sterbebegleiterin, ob Mama bewusst sei, was geschieht, wenn sie das Medikament trinkt. Das Ganze wird für die Staatsanwaltschaft gefilmt, als endgültige Absicherung. Mama bejaht, die Kamera geht aus und Frau Menke lässt uns wieder allein.

Noch eine ganze Weile sitzen wir so da, die Sonne ist jetzt kreisrund am Horizont zu sehen, es ist immer noch heiß. Wir reden über Belanglosigkeiten. Dass Robbenbabys aussehen wie kleine Eisbären, nur ohne Ohren. Dass Magda heute ihren Lippenstift zu stark aufgetragen hat.

Es ist ein Abend im Juli. Der Geruch von frisch gemähtem Gras liegt in der Luft, der Schweiß klebt zwischen Mamas und meinen Fingern.
    Dann fühlt sich Mama bereit. Ohne jede Aufregung umfassen ihre Lippen den Strohhalm, wir sehen ihr nur dabei zu. Langsam fließt die Flüssigkeit den Halm entlang nach oben. Ohne Widerstand, einfach ein gleichmäßiger Strom.

Mama schluckt. Sie sieht zufrieden aus.

Gleich wird sie einschlafen, dann setzt der Atem aus. Dann das Herz.

Magda flüstert Mama etwas ins Ohr, auch Papa drückt sich ganz nah an sie, ich glaube, er hat schon Sonnenbrand auf den Lippen. Auch ich will ihr noch was sagen. Danke. Oder: Du bleibst für immer meine Mama.

Doch ich bekomme kein Wort heraus.

Langsam schließt Mama die Augenlider. Schweiß glänzt auf ihrer Nase. Sie sagt, dass sie uns für immer liebt.

Irgendwo brummt ein Rasenmäher.

Dann fühle ich keinen Druck mehr in meiner Hand.

Nur die Wärme ist geblieben.

ALEKSEJ REIMISCH

Ikaros

»hoch, wo das Licht in nichts zerrinnt«
RAINER MARIA RILKE

Vater, warum machst du Flügel?
Ich mache Flügel, damit ich gehen kann.

Das habe ich nicht verstanden, Vater. Ich wollte dich fragen, doch du warst so beschäftigt. Wohin willst du gehen, wenn hier alles vorhanden ist, im Überfluss, mehr als genug für uns beide? Scheint die Sonne denn anders dort, wohin es dich zieht? Hier kann ich mich vor ihr zwischen den kühlen Mauern verstecken, wenn es zu heiß wird. Ich höre den Gesang der Mädchen. Fahre mit den Händen durch die Wellen, wie der Wind durch mein Haar. Dort, wo du mich hinbringen willst, wird es vielleicht genauso sein, doch es wird nie nur so sein. Und du sprichst dauernd davon, dass alles besser wird. Vater, ich weiß nicht, für wen. Du sagst, du würdest sie alle überlisten. Vater, nur ein Narr versucht, ins Reich der Erinnerung zurückzukehren. Keine Flügel der Welt wissen den Weg dorthin. Und wenn du mich ansiehst und deine Vergangenheit zu meiner Zukunft machen willst, verlierst du mich im Jetzt aus den Augen.

Du sprichst von Freiheit. Vater, du bindest die Seile viel zu fest um meine Arme! Was nützt ein grenzenloser Himmel, wenn ich von dir nur höre: Du sollst nicht dahin und dorthin fliegen?

Ich vertraue auf dich und auf die Gnade der Götter, weil mir sonst nichts übrigbleibt. Doch die Götter schweigen und du redest ständig von Wir und Mein Sohn, und dein Blick ist so tief wie das Meer, das von den Klippen uns zuflüstert: Kehrt um! Von welchem Wir sprichst du, Vater? Damit ich gehen kann, sagtest du und ich habe es nicht verstanden, aber jetzt sehe ich, dass ich für dich immer nur ein Teil von dir war. Vater, ich habe auch Flügel. Selbst, wenn ich weiß, dass du sie gemacht hast – für mich, und selbst wenn du es auch weißt: Lass mich mit den Flügeln schlagen. Ich will so tun, als würde ich es mir noch überlegen. Ich will Zweifel vorspielen, ob ich auch in deine Richtung fliege.

Welche Freiheit erwartet uns, wenn wir gezwungen sind, uns mit Federn zu schmücken? Du hoffst, und das ist die einzige Freiheit, die dir übrigbleibt, Vater. Der Boden zerrt noch an mir, doch deine Hoffnung hebt mich hoch, ich kann ihr auch nicht entrinnen. Wenn das so ist, dann lass mich wenigstens toben! Ich will diese enge Endlosigkeit erkunden. Der Himmel, der so hell ist, dass mir schwarz wird vor Augen. Das Meer, so tiefdunkel, dass ich eine Welt darin sehe. Dazwischen nur du und ich, und doch willst du nicht aufhören, mir den Weg zu weisen. Ich fliege hin und her: So hoch, dass der Äther deine Worte erstickt, so tief, dass das Meeresrauschen meinen Kopf füllt und deine Mahnungen verdrängt. Lass mich fliegen, Vater, es ist nur einmal so, und ich will mich daran erinnern, als wäre es mein Flug gewesen.

Natürlich weiß ich, was sich hinter deinem Rufen verbirgt. Deine Liebe ist so heiß, dass ich unter ihrem Blick schmelze, und so schwer, dass ich kaum in der Luft bleiben kann. Wenn ich daran denke, möchte ich am liebsten hinter die Wolken fliegen. Deine Flügel sind es, die mich tragen. Mit nichts kann ich diese Federn aufwiegen, deiner Freiheit kann ich nicht entkommen.

Ich wünschte, du hättest mir gezeigt, wie man Flügel macht, statt mich wegzujagen, weil ich davon nichts verstünde. Sie wären gröber als deine und passten vielleicht auch nicht so gut, aber ich würde umso mehr mit ihnen schlagen. Mit eigenen Flügeln hätte ich vielleicht selbst gehen können, statt dir zu folgen. Vater, warum hast du mir gesagt, was ich nicht tun soll? Warum hast du mich vor Gefahren gewarnt, statt mir von der Schönheit des Fliegens zu erzählen? Jetzt höre ich dich nicht mehr, und das Raunen der Götter wird immer lauter. Vater, Vater, warum hast du mich nicht losgelassen? Es heißt, ich soll für deine Sünden büßen, und, dass du durch mich bestraft wirst. Bin ich es nicht wert, eigene Sünden zu begehen? Doch ich war immer nur ein Teil von dir, nie ein Selbst. Von mir bleibt nichts als ein Name auf einem Felsen mitten im Meer.

ALEKSEJ REIMISCH

Das Märchen vom Tod und seinem Geschenk

Bitte töte mich nicht!, sagte die an den Stuhl gefesselte Frau, ich habe dir nichts getan!

Der Mann ging um sie herum und fixierte sie mit seinem Blick. Typisch, sagte er. Alle ihr denkt, dass ihr den Tod nicht verdient, Männer, Frauen, völlig gleich ob ihr glaubt oder nicht, was ihr gelernt oder vergessen habt, wen ihr liebt und hasst. Er blieb vor ihr stehen. Und weißt du, was die Ironie dabei ist? Ihr verdient den Tod wirklich nicht, aber nicht auf die Art, wie ihr denkt. Bitte, bitte, wiederholte die Frau und fing an zu schluchzen. Der Mann stopfte ihr ein Tuch in den Mund und befestigte es mit Klebeband, welches er um ihren Kopf wickelte. Der Tod macht uns ein Geschenk, sagte er dabei, und nur sehr wenige verdienen es. Soll ich dir das Märchen vom Tod und seinem Geschenk erzählen?

Und der Mann erzählte der Frau
Das Märchen vom Tod und seinem Geschenk

Nach einem zu langen Krieg war der Tod müde ob der ganzen Arbeit, und nachdem er so viele Weisen des Menschen zu sterben gesehen hatte, wollte er sehen, wie der Mensch lebt. Also verkleidete er sich als Bettler und ging in die nächste Stadt, die noch vom Kämpfen gezeichnet war. Er ging geradewegs auf ein großes Haus auf einem Hügel zu. Als der Tod sich dem Zauntor näherte, schlugen die Hunde an. Ein Wächter kam ans Tor und besah sich den Tod von oben bis unten. Was willst du?, fragte er schroff. Der Tod antwortete: Ich möchte mit dem Hausherrn sprechen. Er ist nicht da, sagte der Wächter. Doch, das ist er, und das weißt du auch, erwiderte der Tod. Er hält gerade seine Mittagsruhe, sagte der Wächter. Dann wecke ihn, sodass er meinen Worten Gehör schenken kann, erwiderte der Tod. Er wünscht nicht, mit deinesgleichen zu sprechen, sagte der Wächter verunsichert. Dann lass mich zu ihm, damit er mir das von Angesicht zu Angesicht mitteilen kann, erwiderte der Tod und blickte dem Wächter fest in die Augen. Jener aber wurde blass und lief zum Haus. Der Tod öffnete das Tor und folgte ihm. Auf halbem Weg kam ein beleibter Mann aus dem Haus und ging ihm entgegen. Was willst du?, fragte der Mann ungeduldig, ich bin der Bürgermeister dieser Stadt und habe keine Zeit, mich um alle Bettler zu kümmern. Ich bin ein Versehrter, der für diese Stadt gekämpft hat, sagte der Tod, und nun habe ich nichts. Gewähre mir Obdach und Kost für eine Nacht. Ich habe sogar für mich selbst zu wenig, sagte der Mann, meine Knechte müssen im Stall schlafen und meine Speicher sind leer. Geh zu einem Invalidenheim und lass dich dort versorgen. Der Tod blieb eine Weile stehen, drehte sich um und ging. Der Bürgermeister aber bemerkte erst jetzt, dass ihm kalter Schweiß auf der Stirn stand.

Der Tod lief zu einem anderen Haus, das mitten auf der Hauptstraße stand, noch prächtiger als das vorherige. Als er an die Haustür klopfte, schlugen die Hunde an. Ein kleiner Spion ging auf. Ja?, sagte die Person hinter der Tür. Wer wohnt hier in diesem Haus?, fragte der Tod. Der Bankier, kam als Antwort zurück. Kann ich ihn sprechen?, fragte der Tod weiter. In welcher Angelegenheit?, erkundigte sich die Stimme hinter der Tür. Ich bin ein Versehrter, der für diese Stadt Blut vergossen hat, sagte der Tod, und möchte um Obdach und Verpflegung für eine Nacht bitten. Der Herr Bankier behandelt solcherlei Dinge nicht, erwiderte die Stimme hinter der Tür, mit Fremden unterhält er ausschließlich geschäftliche Beziehungen. Aber ich bin kein Fremder, sagte der Tod, ich bin ein Bürger dieser Stadt, ich habe meinen Besitz und meine Gesundheit für sie aufgegeben, auch für den Bankier. Der Spion schloss sich, man hörte nichts mehr außer Hundegebell.

Da blieb dem Tod nichts übrig, als weiter zu gehen. Am Rand der Stadt erblickte er schließlich eine verkommene Hütte, zu welcher er ging. Die Hunde bellten, das wenige Vieh auf dem Hof fing an zu schreien. Ein Fenster wurde geöffnet und eine Frau schaute heraus. Gott zum Gruße, guter Mann. Was möchtest du denn hier?, erkundigte sie sich. Der Tod sagte: Ich bin ein Versehrter, der für diese Stadt gekämpft hat, und nun habe ich nichts. Gewährt mir Obdach und Brot für eine Nacht, wenn es möglich ist. Komm nur rein, sagte die Frau, wir haben zwar wenig, aber was wir haben, teilen wir gern mit dir. Der Tod öffnete die Tür und trat in die Hütte. In der Mitte stand ein Tisch, an dem ein Alter und vier Kinder Platz genommen hatten. Wir haben uns gerade zu Tisch gesetzt, sagte die Frau lächelnd, schließe dich uns an. Eines der Kinder sprang auf und stellte einen Stuhl neben den Alten hin. Ihr seid sehr freundlich, sagte der Tod, an den beiden großen Häusern jagten sie mich fort. Mein Mann ist im Krieg gefallen, sagte die Frau, und viele Nachbarn sind als Krüppel zurückgekommen. Die großen Herren kümmert das nicht. Wir haben für sie geblutet, unser Bestes weggegeben, und sie sorgen sich nur um ihre

Bäuche. Wir haben ihren Kampf gekämpft, und sie kaufen unsere Höfe auf, die wir ohne Männer nicht mehr halten können. Wäre mein Vater nicht zu alt für den Krieg gewesen, hätte auch mich das gleiche Schicksal getroffen. Der Tod sah den alten Mann an, der seinem Blick standhielt. Die Frau fuhr fort: So ist es doch, diejenigen, welche die Schwachen genannt werden, tragen so viel Leid, dass ihnen fast das Rückgrat bricht, während die vorgeblich Mächtigen nicht kräftig genug sind, hinter sich selbst zu kehren. Niemals werden wir gleich sein, niemals werden sie uns verstehen. Die Sorge, die sie für uns zu haben scheinen, ist die Sorge des Schäfers um seine Herde.

Und die Frau erzählte
Die Geschichte vom Schäfer und seiner Herde

Weit draußen im Feld hütete ein Schäfer eine große Herde. Eines Tages schnappte sich ein Wolf eines der Schafe und wollte es mit sich forttragen. Der Schäfer jedoch griff den Wolf mutig an und schlug ihn unter Einsatz seines Leibes in die Flucht. Das gerettete Schaf brachte er mit einem leichten Klaps zurück in die Herde. Seht ihr, sagte da das Schaf, der Schäfer kümmert sich um mich und beschützt mich mit allen Mitteln vor dem sicheren Tod, weil er mein guter Freund ist. Blödsinn, sagten darauf die anderen Schafe, du bist ihm herzlich egal und alles, worum er sich sorgt, ist der Tadel der Bürger, falls ein Schaf verloren ginge. Sei auf der Hut, es ist gefährlich, wenn von Zweien nur einer denkt, dass der andere sein Freund sei. Doch das gerettete Schaf wollte nichts hören. Wisst ihr denn nicht von der Großmut der Starken?, sagte es. Es ist genauso wie in der Legende vom gütigen König.

Und es erzählte
Die Legende vom gütigen König

Es war einmal ein König, der, als er mit einem anderen Reich Krieg spielte, eines Tages von seinen Truppen abgeschnitten wurde und lediglich mit zehn Kämpfern mitten im Feindesland war. Verängstigt ging er ins nächste Dorf und klopfte an der Pforte des erstbesten Hauses. Ein Bauer öffnete ihm und fragte ihn nach seinem Begehr. Ich will nicht lügen, guter Mann, sagte der König. Ich bin der König, der euer Reich bekämpft, und ich habe mich verirrt. Ich suche ein Obdach für eine Nacht. Du siehst selbst, dass ich die Möglichkeit besitze, dich von meinen Männern aus dem Haus zu werfen und zu töten, jedoch will ich dich bitten, uns hereinzulassen. Der Bauer tat es, und am nächsten Morgen war der König fort. Da der Krieg zu seinen Gunsten verlief, dauerte es nicht lange, bis der König erneut im Dorf erschien, diesmal aber begleitet von seiner Armee. Dieses Haus dürft ihr nicht anfassen und seinen Bewohnern keinerlei Leid antun, sagte der König mit einem Zeig auf das Haus jenes Bauern. Denn der, der dort wohnt, ist mein Freund, und ich mache von meiner Möglichkeit Gebrauch, ihn unter meinen Schutz zu stellen. Und dem Bauern erging es gut unter dem Schutz des gütigen Königs, während in den Nachbarhöfen ringsum geplündert und gemordet wurde.

Das Schaf beendete seine Geschichte mit den Worten: So ist es auf der Welt, wenn du in der Gunst eines Mächtigen stehst. Alle Übel wehrt dein starker Freund von dir ab. Und die anderen Schafe ließen ab von ihm und gingen kopfschüttelnd auseinander. In der nächsten Nacht aber kamen drei junge

Burschen zur Herde, begrüßten lautstark den Schäfer und riefen: Komm, wir wollen deinen Namenstag feiern! Sie spielten auf ihren Lauten, tranken Wein und spät in der Nacht fragte einer, wie es mit einem Festtagsbraten ausschaue. Seid unbesorgt, sagte der Schäfer, ich nehme mir einfach ein Schaf und sage, der Wolf hätte es gerissen. Er ging zur Herde und griff sich das vor einem Tag gerettete Schaf. Hallo, Freund, sagte das Schaf. Ich sehe, dass du mich zu deinem Fest einlädst, da ich dein guter Freund bin. Dabei schaute es bedeutungsvoll über die Herde. Der Schäfer aber brachte das Schaf in sein Zelt, legte es auf die Bank und holte ein großes Messer hervor!

Bei den letzten Worten sprang der Mann aufgeregt auf, schnappte ein Messer und schlug damit in der Luft. Mhm, mhm, machte die an den Stuhl gefesselte Frau. Shhh, ruhig, sagte der Mann und schlug der Frau sanft ins Gesicht. Dann fuhr er fort.

Der Schäfer schlachtete das Schaf, briet es über dem Feuer und verspeiste es mit seinen Kumpanen.

So ist es in der Welt, sagte die Frau bitter. Wenn ein Mächtiger dieser Welt seinen Blick auf dich richtet, so doch nur, um noch mehr zu nehmen, und du solltest dich fürchten, statt dich geehrt zu fühlen. Dein Fleisch und dein Blut wollen sie, du bist für sie nur ein Opferlamm und nichts hindert sie daran, sich an dir zu laben und fett zu fressen.

Tief in der Nacht, als alle schliefen, stand der Alte auf, schlich zu der Bank, auf welcher der Gast übernachtete, holte ein Messer hervor und versenkte es in dessen Brust. Der Tod öffnete die Augen und sagte: Du wusstest gleich, wer ich bin. Du wusstest auch, dass deine Tat keinen Erfolg haben wird. Ich verfluche dich, flüsterte der Alte. Ich habe im Krieg so oft gesehen, wie Menschen von dir geholt wurden, jung und gesund, voller Hoffnungen und Träume, während ich dich rief und so sehr mein Leben gegen ihres eintauschen wollte. Jetzt bist du in unser Heim gekommen, das bereits vom Elend gezeichnet ist, und willst in unsere Schalen, die voll Kummer sind, noch mehr einschenken. Ich habe nichts mit dem Töten zu tun, sagte der Tod, das bleibt euch Menschen vorbehalten. Ich hole euch nur ab. Warum machst du mich für die Gräuel von deinesgleichen verantwortlich? Ich bin in diese Stadt gekommen, um zu sehen, wie Menschen leben, aber ich habe gesehen, dass sie gar nicht leben, sondern nur voller Angst auf den Tod warten. Und da ihr so freundlich zu mir wart, will ich euch ein Geschenk machen, das größte, das es auf dieser Welt gibt. Mit diesen Worten stand der Tod auf und fuhr mit der Hand über das Gesicht des Alten, worauf jener mit einem erleichterten Seufzer zusammensackte. Draußen heulten die Hunde. Der Tod ging von einem Bett zum nächsten, und bei jedem Entschlafenen, von dem er sich entfernte, zeigte sich ein Lächeln auf dem Gesicht. Als er zum letzten Bett kam, sah er, dass das älteste der Kinder, ein Mädchen, wach war und ihn beobachtet hatte. Vielleicht wurde es vom Geheul geweckt. Es öffnete den Mund, als der Tod näherkam, doch kein Laut kam heraus. Da erkannte der Tod, dass das Mädchen stumm war. Er reichte ihr die Hand und sagte: Komm, ich werde dir noch ein Geschenk machen, ich werde dir ermöglichen, einmal in deinem Leben zu jemandem zu sprechen. Sie gingen beide vor die Tür und der Tod drehte sich um und berührte die Stirn des Mädchens mit seinem Finger. Darauf fing es an, zum Tod zu sprechen, nicht mit Worten und

Sätzen, aber mit ihrem Leid und ihrer Angst, ihrer Hoffnungslosigkeit und Trauer. Und der Tod hörte zu und der Himmel wurde langsam hell, und der Mond hielt eine Weile in seinem Gang inne, um auch zu lauschen. Da drehte der Tod seinen Kopf und schaute auf die erwachende Morgenröte. Tränen tropften aus seinen Augen, zwei davon fielen auf den Boden und wurden zu roten Blumen. Komm, sagte dann der Tod, du wirst mich von nun an für immer begleiten, und für immer sollen diese Blumen dein Haar zieren. Du sollst mit den Menschen sprechen, die ich hole, auf dass sie mein Geschenk freudig empfangen. Und sie gingen der jungen Sonne entgegen und sie hinterließen keine Spuren auf der Erde. Der Bankier aber und der Bürgermeister lebten lange, so lange, dass sie genügend Zeit fanden, das Leben zu verfluchen und sich nach dem Tod zu sehnen.

Das war das Märchen, sagte der Mann, das war meine Geschichte. Nun, was hältst du davon? Er ging zur Frau und löste ihren Knebel. Die Frau sah ihn an. Du bist nicht der Tod, sagte sie leise und Tränen liefen ihre Wangen hinunter, du bist es nicht wert, seine Geschenke zu verteilen. Der Mann schwieg und starrte sie an. Etwas wie Unwillen oder Enttäuschung zeigte sich kurz auf seinem Gesicht. Das mag sein, sagte er schließlich und drückte ihr wieder den Knebel in den Mund, doch das ändert nichts am Geschenk selbst und an seiner Kostbarkeit. Du scheinst nichts aus dem Märchen gelernt zu haben. Er schaute auf die Uhr, lächelte und fuhr fort: Es ist Zeit, dein Geschenk zu empfangen. Als er sich ihr näherte, ertönte die Klingel und mehrere Stimmen forderten laut, die Tür zu öffnen. Warte hier, flüsterte der Mann der Frau ins Ohr, ich bin gleich wieder da.

Irgendwo in der Stadt saßen ein Mann und eine Frau in einem Café an einem Tisch. Sie redeten und lachten viel und zwei rote Blumen standen als Tischschmuck zwischen ihnen. Von Weitem hörte man Hundegebell. Der Mann schaute auf seine Uhr, lächelte und sagte zu der Frau: Sag mal, kennst du das Märchen vom Tod und seinem Geschenk?

DANIELA WASSMER

Der Sohn des alten Daedalus

Mein Vater gehört nur den Federn. Sie sind überall. Im Brei, in meinen Haaren, manchmal auf der Zunge. Er redet nur über sie. Schickt mich allein fort, um welche zu sammeln. Ich soll Tauben für ihn rupfen; immer und immer wieder. Für das Abendessen, erklärt er. Doch beobachtet er mich ständig aus dem Augenwinkel, und sobald ich fertig bin, humpelt er zu mir. Seine dürren Hände greifen nach den Federn und bringen sie in die Hütte. Nur der federlose, tote Vogelkörper bleibt bei mir.

Gestern war er wütend, weil beim Rupfen zu viel Blut auf die Federn gekommen ist. Sie seien zu verklebt. Dann musste ich eine neue Taube finden, obwohl es bereits düster wurde. Ich ging allein auf die Suche. Abendessen gab es nicht mehr.

Auch heute kann er von nichts anderem reden. Er weckt mich früh. Sagt, ich soll mich ausziehen, hinstellen. Er mustert mich kritisch, misst meine Arme und Beine ab. Vermisst meine Taille und meine Brust. Dann lächelt er wie seit Langem nicht mehr.

Er geht in die Hütte und lässt mich stehen. Ich warte dort, halb nackt und frierend. Nach einer Weile kommt er aus der Hütte zurück und bringt die Federn. Schlägt sie auf Stöcke, verbindet sie mit Draht und knotet sie an meinen Körper. Sie kratzen. Auf der Haut, in den Ohren, im Nacken. Mindestens 40 Tauben und Kraniche habe ich gerupft. Die Drähte schneiden in meine Haut, sie sind kalt und scharf. Er zieht viel zu fest, schnürt mir die Luft ab. Meine Muskeln fühlen sich taub an.

Danach hüllt er sich in seine Federhaut. Vielleicht, um nicht zu frieren, er ist so hager geworden. Mein Feder-Vater sieht doof aus. Ich sollte ihn rupfen. Er wäre dann genauso nackt und mit einer Gänsehaut überzogen wie die Vögel.

»Du musst gut aufpassen«, sagt er. »Fliege nicht zu hoch, sonst verbrennt die Sonne die Federn. Und nicht zu tief, sonst beschwert das Wasser sie.«

Ich nicke. Fliegen? Doch er küsst mich und zieht mich an der Hand über die Klippe. Der Boden unter mir schwindet. Vögel verlassen den Himmel, als ich ihn betrete. Schreiend fliegen sie fort, als hätten sie Angst, dass meine flinken Finger sie rupfen.

Vaters Hand lässt mich los. Er fliegt vor mir eine gleichmäßige und ebene Linie. Schneller als ich und immer weiter fort.

»Vater!«, rufe ich, aber er hört mich nicht mehr.

Früher hat er mir zugehört. Mit mir gespielt und Zeit mit mir verbracht. Seit die Federn da sind, rupfe ich nur noch und fresse Tauben. Ich fliege in die Höhe. Ganz nah zur Sonne. Mir egal, ob seine Federn kaputtgehen. Dann muss er sich endlich wieder mit anderen Dingen beschäftigen, denn Rupfen werde ich für ihn sicher nicht mehr.

Wärme umschließt mich. Noch ein bisschen höher. Wachs zerfließt auf meiner Haut, brennt kurz. Dann wird es kalt. Die Federn lösen sich ab. Plötzlich sind sie wieder überall, doch sie fallen viel langsamer als ich. Ein Ruck geht durch meinen Körper. Wo vorher Sonne war, ist jetzt Wind. Seine Silhouette ist nur ein schwarzer Punkt vor der Sonne. Das Meer unter mir kommt näher.

Soll doch auch das Wasser die verfluchten Federn zerstören.

DANIELA WASSMER

Die Brücke des Teufels

Als mein Bruder mit fünf Jahren starb, lernte ich, dass Tollkirschen giftig sind. Noch im gleichen Herbst ging mein Vater eines Morgens zur Arbeit und sein Platz am Esstisch blieb von da an leer. Es war nicht viel von ihm übrig geblieben, nachdem er von unserer Brücke gestürzt war. Neben einem alten Süßmandelbaum begruben wir seine kümmerlichen Überreste. Im Jahr danach ließ sich meine Mutter von einem seiner knotigen Äste in die Tiefe fallen. Ihr Sturz wurde von einem Ledergurt aufgehalten.

Seitdem lebte nur noch Herna, eine alte, halb blinde Ziege, mit mir in der Hütte. Sie trug stets ein blaues Band um ihren Hals. Ich ernährte mich von ihrer Milch, dem, was im Garten wuchs und den Speisen, die mir die Krähe vorbeibrachte. Das nächste Dorf war viele Stunden von hier entfernt, die nächste Stadt mehrere Tage. Alles folgte einem immer gleichen Muster.

Umso unruhiger wurde ich, als ich sie kommen hörte. Rauchfahnen, die über den Bäumen emporstiegen, kündigten sie an. Im Gleichschritt walzten sie sich durch das dichte Unterholz.

Irgendwann konnte ich sie grölen und lachen hören. Ich setzte mich auf die Treppe meiner Veranda und starrte die Rauchfahnen an. Herna ruhte zu meinen Füßen.

Ein Mann schälte sich aus dem verwachsenen Wald. Sein langes, hellblondes Haar trug er zu einem Zopf gebunden. Er strich die Blätter von seinem Mantel und kam auf mich zu.

Sein Lächeln entblößte makellose Zähne. Hinter ihm traten knapp ein Dutzend Gestalten aus dem Wald.

Der blonde Mann blieb dicht vor mir stehen.

»Ich bin Darius«, sagte er und nickte mir zu. »Und das sind meine Männer. Der Große heißt Gram. Merk dir den Namen, sonst wird er ihn dir auf seine Weise wieder ins Gedächtnis rufen.«

Darius streckte mir die Hand entgegen.

Die Männer hinter ihm trugen ihre Hüte tief in die schmutzigen Gesichter gezogen. Sie wichen meinem Blick aus und vergruben ihre Hände in den Hosentaschen. Nur Gram stach aus dem Haufen heraus. Seine Augen waren hellgrau, fast weiß und schienen die gesamte Umgebung mit wenigen Zuckungen zu überblicken. Seine Nase war schief und sein Haar hing ihm fettig ins Gesicht.

Ich stand auf und schüttelte wachsam Darius' Hand. »Und ich bin Jon Brach. Ich ...«

»Du bist der Mann, der Menschen sicher auf die andere Seite der Teufelsbrücke bringen kann«, ergänzte er.

»Sie wurde seit Jahren nicht mehr überquert.«

»Dann wird es Zeit, meinst du nicht auch?«, fragte Darius und schaute mich mit einem leichten Lächeln an.

»Tut mir leid. Das Überqueren der Brücke ist zu gefährlich.«

»Aber dafür bist du doch da.«

Ich schüttelte den Kopf und trat zur Seite. Im Schein des Dämmerlichts erstrahlte die Brücke dunkelrot. Sie war uralt. Gerüchten zufolge hatte einer meiner Urahnen sie so konstruiert, dass man sie nur überqueren konnte, wenn man wusste, wie.

Ihr Holz war morsch und die Bretter waren bloß durch Seilreste miteinander verbunden. Wenn man auf die falsche Stelle trat, brachen die Bretter weg und wischten ein Leben fort. An anderen Stellen konnte ein Schritt die Brücke so aus dem Gleichgewicht bringen, dass sie so lange hin- und herschwang, bis auch der Letzte den Halt verlor und über den Rand geschleudert wurde.

»Sie bringt den Tod.«

»Mich interessiert eher, was an den Gerüchten dran ist, zu welchem Zweck die Brücke gebaut wurde«, antwortete Darius. »Das perfekte Versteck für jene, die diesen einzigen Weg zur Gebirgsinsel auf der anderen Seite kennen.«

Ich zuckte mit den Schultern. »Möglich. Aber davon weiß ich nichts. Wer dort etwas versteckt hat, machte sich nicht die Mühe, mir davon zu erzählen.«

Ich wandte mich seinen Männern zu.

»Tut mir leid, meine Herren. Sie sind umsonst hierhergekommen.«

»Zu schade«, erwiderte Darius und schaute mich unentwegt an. »Nun ist es ohnehin zu dunkel. Ich schlage vor, wir ruhen uns alle ein wenig aus und morgen früh reden wir bei Tageslicht über die Sache, ja?«

Bevor ich protestieren konnte, hatte er sich umgedreht und war zur Hütte gelaufen. Wie selbstverständlich ging er in das ehemalige Schlafzimmer meiner Eltern und ließ sich auf das gemachte Bett fallen. Staub wirbelte empor und senkte sich auf ihn hinab.

Am nächsten Morgen waren die Männer noch immer da. Sie hatten die Hütte wie ein Pilz befallen. Die Einmachgläser auf der Anrichte waren leer und umgestoßen. Aus dem kleinen Garten vor dem Haus hatten sie jedes Kraut und jede Rübe gerissen und verspeist. Die Wassertonne war leer, mehrere meiner Teller lagen in Scherben auf dem Dielenboden. Durch die offene Haustür sah ich, wie zwei der Männer nebeneinander an der Schlucht standen und wetteten, wer weiter pissen konnte.

Darius saß ruhig auf einem Stuhl und hatte die Beine auf den Tisch gelegt. Der Matsch lief von seinen Stiefeln.

»Guten Morgen, Jon.« Er lächelte. Gram lehnte mit verschränkten Armen hinter ihm an der Wand.

Ich wandte mich Darius zu. »Der da redet nicht viel.«

»Tut er nie. Er hält reden für eine der unnötigsten Gewohnheiten des Menschen.«

»Neben der Verwüstung fremden Eigentums.«

Darius stand auf, noch immer lächelnd und breitete die Arme aus.

»Was sollten wir tun? Meine Männer hatten Hunger.«

»So?«, fragte ich und bückte mich. Ich kratzte die Scherben der Teller auf und warf sie in einen Korb, bevor Herna hineintreten konnte.

»Ich denke, Jon, es ist auch für dich von Vorteil, wenn du uns schnell losbekommst. Warum bringst du uns nicht einfach über die Brücke und danach hast du deine Ruhe?«

»Die Brücke ist zu gefährlich. Ich kann euch nicht rüberbringen.«

Darius setzte sich wieder auf den Stuhl und machte sich breit.

»Sehr schade. Dann müssen wir wohl so lange hier warten, bis jemand kommt, der das kann.«

Ich ließ mich nicht weiter auf das Gespräch ein und verließ mit Herna das Haus. Sollten sie doch bleiben. Irgendwann würden sie zu hungrig werden und verschwinden. Ich lief den Rand der Schlucht entlang, bis ich ihr Gelächter und Gebrüll nicht mehr hören konnte. Dann atmete ich aus und setzte mich auf die Erde. An dieser Stelle hatte ich als Kind mit meinem Bruder gesessen, denn hier schien die Sonne am längsten. Nicht weit weg wuchs der Tollkirschenstrauch. Herna legte sich neben mich.

Ich rutschte ganz nah an den Abgrund und ließ meine Beine hinunterbaumeln.

Die Krähe hatte mir vor vielen Jahren erzählt, dass die Schlucht einst kaum zwei Meter tief gewesen war. Dann war der Krieg gekommen und für die Menschen aus den Städten war sie der kürzeste Weg an die Front gewesen. Die Krähe sagte, Hunderttausende Menschenfüße in schweren Stiefeln hatten die Schlucht nach und nach ausgehöhlt. Den Legenden zufolge waren die Rillen im Stein die Spuren, die sie mit ihren Schuhen dabei hinterlassen hatten.

Ich ließ mich auf den Rücken fallen und schloss meine Augen. Von den Hunderttausenden Soldaten, die in den Krieg gezogen waren, waren nur wenige zurückgekehrt.

Und die Krähe hatte auch erzählt, dass man sie, wenn man genau hinhörte, noch immer hören konnte; die Stimmen der verirrten Soldaten, die ihren Weg nach Hause suchten.

Ich rollte mich zur Seite und schaute den Abgrund hinab. Herna leckte mit ihrer rauen Zunge über mein Ohr. Der Monat war fast vorbei. Bald musste die Krähe wieder vorbeikommen. Und mir hoffentlich dabei helfen, Darius und seine Männer loszuwerden.

Drei Tage fegte der Regen über die Hütte. Wir waren zusammengepfercht, ohne die Möglichkeit, uns aus dem Weg zu gehen. Die letzten Vorräte im Haus waren aufgegessen. Jede Schublade und jedes Glas geplündert.

»Dann schleifen wir ihn doch einfach auf diese Brücke. Wenn wir ihm den Rückweg versperren, wird der schon den Weg zur anderen Seite finden«, sagte einer von Darius' Männern. Er warf sein Taschenmesser immer wieder in die Luft und fing es auf.

»Genau! Dann ist hier wenigstens mal was los«, sagte ein anderer und lachte glucksend.

»Und dann können wir endlich zurück in die Stadt und was Gescheites essen. Hier gibt's ja nur Gräser.«

Die Männer lachten durcheinander. Doch aus dem Augenwinkel sah ich, dass einer von ihnen stumm blieb. Er war kleiner und schmaler als die anderen. Ich blickte zu Herna und streichelte ihr Fell, als ginge es nicht um mich. Es war nur eine Frage der Zeit gewesen.

»Aber, aber, meine Herren«, sagte Darius und erhob sich. Langsam streckte er sich und reckte seine Arme in die Höhe. Er gähnte und strich über seinen Bauch. »Doch ... gegen eine Mahlzeit hätte ich auch nichts.«

Mein Magen zog sich zusammen. Sie waren nicht die Einzigen, die Hunger hatten.

Als ich nicht antwortete, wandte sich Darius ab. Er verschränkte die Hände hinter seinem Rücken und schritt langsam zur Wand.

Dort hing eine vergilbte Zeichnung, die meinen Vater und meine Mutter in ihren besseren Jahren zeigte.

»Es ist schon seltsam«, fuhr er fort. »Zwei so rüstig wirkende Menschen. Die ganz allein mit ihrer Familie an einem so verlassenen Ort wohnen. Und alles, was dieses hinreißende Ehepaar an Vorräten ansammelt, lässt sich in ein paar Gläsern und Krügen im Haus aufbewahren?«

»Meine Eltern sind lange tot«, erwiderte ich.

»Die Brücke hinabgefallen?«, fragte er lächelnd.

Ich blickte zum ersten Mal auf und schaute ihn kalt an.

»Ihr habt alles leer gegessen«, sagte ich. »Der Garten ist bis auf die letzte Wurzel ausgerupft. Nicht mal die Ziege findet genug Gras, alles ist zu Matsch zertreten.«

Gram lachte, wie ich noch nie jemanden lachen gehört hatte. Als würde er keine Luft bekommen, verschlang seine Lunge stoßweise alles um ihn herum. Das, was er ausstieß, war ein rasselndes Geräusch, das immer wieder von dem Kampf nach Luft unterbrochen wurde.

Meine Nackenhaare stellten sich auf.

Darius stimmte in das Lachen ein und seine Männer folgten seinem Beispiel.

»Hervorragend«, sagte Darius schließlich und jeder Laut erstarb. »Gram hat mich auf eine wundervolle Idee gebracht.«

»Nun denn«, sagte er. »Wenn für das arme Zieglein kaum genug Gras bleibt, und wir alle so schrecklichen Hunger leiden, ist es vielleicht das Beste, wenn wir das kleine Zieglein essen? Wäre damit nicht jedem geholfen?«

Gram lachte wieder und mir wurde kalt. Herna schien es zu bemerken, denn sie erstarrte unter meinen Händen.

Plötzlich hörte ich schwere Schritte, die Äste und totes Laub niederstampften. Stoff schleifte raschelnd über den Boden.

Mein Körper entspannte sich. Ich stand auf und öffnete die Tür der kleinen Hütte. Es hatte aufgehört zu regnen und die ersten Sonnenstrahlen drängten sich zurück an den Himmel.

Ich ging hinaus und winkte dem Ankömmling.

Riesengroß erhob sich die Gestalt des Mannes, den alle die Krähe nannten, vor dem dunklen Wald. Regentropfen liefen seinen Mantel und seine Hutkrempe hinunter. Er schüttelte sich wie ein Hund und zog seinen Hut ab. Schwarzes, zotteliges Haar kam zum Vorschein. Bartstoppeln kämpften mit Furchen um den Platz auf seiner Haut. Sein rechtes Auge war weiß und blind. Sein linkes rot unterlaufen.

Er trug einen Sack auf dem Rücken, den er vor mir auf den Boden stellte. Seine Finger waren von dicken Schwielen übersät. Die gleichen Finger, die mir vor Jahren die unterschiedlichsten Knoten und die schnellsten Wege, diese zu lösen, beigebracht hatten.

Unbeholfen nahm er mich in die Arme und drückte mich.

»Ganz schön mieses Wetter«, begrüßte er mich. »Wollt eigentlich schon vorgestern hier sein, aber musste mich im Wald unterstellen. Weißt ja, wie die Stürme hier sind.«

Ich war so froh, ihn zu sehen, dass ich nicht antworten konnte.

»Nun. Da bin ich. Wie jeden Monat. Hab wieder was für dich dabei.«

Ich griff nach dem Sack, der so schwer war, dass ich ihn kaum anheben konnte. Wortlos nahm die Krähe ihn mir ab und ließ sich von mir an den Rand der Brücke führen.

Sorgsam blickte ich mich mehrmals um, ob uns jemand gefolgt war.

»Ist was?«, fragte die Krähe.

Ich nickte. »Wir haben Besuch.«

»So? Ist ja seit Jahren nicht mehr vorgekommen. Will er über die Brücke?«

»Was soll man sonst hier wollen?«

»Aber du willst ihn nicht rüberbringen.«

Wieder nickte ich.

»Warum ist der Besuch dann noch da?«

»Weil sie nicht gehen wollen, solange sie nicht auf der anderen Seite waren. Sie haben alle meine Vorräte in der Hütte gegessen und alles kaputtgemacht, was sie in die Hände bekommen haben.«

»Und den Keller?«

»Haben sie noch nicht gefunden. Aber sie können sich denken, dass es einen gibt.«

»Und nun?«

Ich zuckte mit den Schultern und blickte die Brücke an. Auch nach so vielen Jahren wusste ich genau, wo die Stelle war, an der mein Vater abgestürzt war. Seine Überreste hatten wir ganz nah am Anfang gefunden. Zwei oder drei große Schritte mussten ihn vom sicheren Boden getrennt haben. Schritte, die er sonst im Schlaf gehen konnte.

»Ich kann sie nicht rüberbringen«, erklärte ich. »Ich habe es Mutter versprochen. Niemand sollte mehr über diese Brücke, nachdem Vater gestürzt war. Es ist doch ohnehin nutzlos. Hunderte von Leuten hat meine Familie über die Jahre darüber geführt und niemand hat je etwas gefunden.«

»So ist's mit der Gier«, antwortete die Krähe. »Jeder hofft, dass es grad bei ihm klappt.«

Nach dem Krieg hatte sich die Geschichte verbreitet, dass die fortgehenden Soldaten all ihre Schätze im Vorbeikommen auf der Gebirgsinsel versteckt hatten, weil ihre Häuser nicht mehr sicher genug gewesen waren. Da nur so wenige von ihnen zurückgekommen waren, vermutete man noch immer, dass diese Reichtümer dort waren. Mein Urgroßvater, der zu jener Zeit die Aufsicht über die Brücke gehabt hatte, war der Letzte gewesen, der mit seinen Stiefeln die Schlucht ausgehöhlt hatte, und auch er war nicht mehr zurückgekommen.

»Wie viele sind's?«, fragte die Krähe und nickte in die Richtung der Hütte.

»Grob ein Dutzend. Wegen zwei von ihnen mache ich mir besondere Sorgen.«

»Ich versteh schon«, sagte er und legte die Stirn in tiefe Falten, die den Furchen der Schlucht ähnelten. Die Krähe war schon hier gewesen, als mein Vater geboren wurde.

»Ich geh rein und schau mir die mal an. Wenn's nach Ärger aussieht, geh ich ins Dorf und trommle zwei oder drei Dutzend Mann zusammen.«

»Ich komme mit dir.«

»Nein«, sagte er entschieden. »Bleib bei deiner Brücke. Das ist meine Aufgabe.«

Die Krähe rückte seinen Hut zurecht und stellte den Kragen seines Mantels auf. Wenn Wind aufkam, konnte jeder sehen, woher er einst seinen Namen bekommen hatte. Wie dunkles Gefieder wehten seine Haare und sein breiter Mantel, dem Sturm zum Trotz.

Er ging zur Hütte und hob ihre Türe beinahe aus den Angeln, als er eintrat.

Wenige Augenblicke später strömten zehn Männer aus der Hütte. Sie stellten sich um den Garten auf und waren fremdartig still. Hinter ihnen fiel die Tür mit einem Knall zu. Von Gram und Darius fehlte jede Spur.

Die Männer vermieden es, mich anzublicken. Ich fragte mich, was sie gedacht hatten, worauf sie sich einließen, als sie hierher aufgebrochen waren. Was hatte Darius ihnen erzählt? Waren sie gekaufte Abenteurer, gelockt von dem Versprechen der Reichtümer?

Doch ich ging nicht zu ihnen, um sie zu fragen.

Der Wind zog um die Hütte und ließ die Holzfassade knarzen. Herna schmiegte sich an meine Beine und wich nicht von meiner Seite, bis sich die Türe wieder öffnete. Die Krähe trat aus der Hütte.

Sein Gesicht war totenbleich und er war genauso still wie Darius' Männer.

Während er zu mir lief, schüttelte er den Kopf. Eine Kälte machte sich in meinem Körper breit, die ich noch nie erlebt hatte. Er war immer mein letzter Ausweg gewesen.

Die Krähe zog den Hut tief in sein Gesicht.

»Mach, was er sagt«, sprach er und sah mir eindringlich in die Augen. »Bring ihn über die Brücke. Lass ihn suchen, was auch immer er zu finden hofft.«

»Du weißt, warum ich niemanden mehr über die Brücke führe.«

Er nickte. »Trotzdem. Ich würde es dir gerne ersparen, aber es gibt keine andere Möglichkeit.«

Im Rücken der Krähe öffnete sich die Tür und Darius trat ins Freie. Seine Männer blickten ihn an, als trauten sie ihren Augen nicht. Darius streckte sich und gähnte herzhaft.

»Jon«, sagte die Krähe und stieß mit dem Finger gegen meine Brust. »Du musst ihm gehorchen.«

»Wieso sollte ich?«

»Er ist ein ... Michaelis«, antwortete er. »Wenn ich zwei Dutzend Männer bring, holt der mühelos das Doppelte.« Die Krähe verstummte.

Das Bild eines Mannes drängte sich in meine Erinnerung. Die Uniform spannte über dem dicken Bauch, die kleinen Finger fehlten. Ein Mann, der stets von einer Hyäne begleitet wurde.

Ich musterte Darius sorgfältig und er fing meinen Blick auf, als hätte er gewusst, dass das nun geschehen musste.

Das helle, blonde Haar war unverkennbar. Doch sonst glichen die beiden Männer sich nicht.

»Bist du dir sicher?«

Die Krähe richtete die Ärmel des Mantels. »Todsicher, mein Freund. Bring ihn über diese verdammte Brücke und dann werd ihn los.«

»Das kann ich nicht.«

»Du musst!«

»Unmöglich.«

»Dann muss dir jemand helfen, der mächtiger ist als ich.« Er schaute mich noch einmal an. Vielleicht bemerkte er zum ersten Mal, dass ich nicht mehr der kleine Junge war, dem er damals geholfen hatte, den Strick seiner Mutter vom Süßmandelbaum zu lösen.

»Viel Glück«, sagte er, klopfte mir auf die Schulter und ging.

Darius ließ mir keine Zeit, meine Gedanken zu ordnen. Er richtete wenige Worte an seine Männer, die ich nicht verstand, und wandte sich dann an mich.

»Wie sieht es aus, Herr Brach?«

Ich vergrub meine Hände in meinen Taschen.

»Wo ist der alte Michaelis?«, fragte ich ihn. Er blinzelte kurz, als hätte er keine Gegenfrage erwartet.

»Tot«, antwortete er. »Starb bei einem Fall vom Pferd. Tragische Geschichte.«

Ich zuckte mit den Schultern. In seinem Gesicht lag keine Spur von Trauer oder Betroffenheit. Stattdessen machte sich ein Lächeln auf seinen Zügen breit, das seine weißen Zähne zeigte.

»Der Vorratskeller ist ein Stück hinter dem Haus.« Ich kramte einen kleinen, verbogenen Schlüssel aus meiner Tasche und reichte ihn ihm. »Wenn ihr den kleinen, roten Markierungen an den Bäumen folgt, stoßt ihr auf eine Höhle. Hinter dieser befindet sich eine mit Gräsern bedeckte Tür im Boden. Sie führt zum Keller hinab. Nehmt, was ihr wollt. Lasst mir nur genug, um bis zum Ende des Monats durchzukommen.«

Er klopfte mir auf die Schulter. Seine Fingernägel waren für einen Mann hier draußen viel zu gepflegt.

»Langsam scheinst du zu lernen«, sagte er. »Dann hoffe ich sehr, dass es dort auch Wein gibt. Vielleicht fällt dir bis zu unserer Rückkehr auch wieder ein, wie man Gäste über die Brücke führt.«

Darius pfiff triumphierend, hob seinen Arm und zeigte seinen Männern den Schlüssel. Johlend folgten sie ihm. Gram warf einen finsteren Blick auf mich zurück.

Sobald sie außer Sichtweite waren, rannte ich zurück ins Haus. Ich kletterte unter das Bett meiner Eltern und löste eine alte Diele im Boden. Knarzend gab sie unter meinen Händen nach. Seit dem Tod meiner Eltern war sie nicht mehr bewegt worden. Darunter kam ein kleines, staubiges Loch zum Vorschein. Ich griff hinein, und zog einen Zettelkasten hervor. Feinsäuberlich waren darin die Namen all derer aufgezeichnet, die jemals über die Brücke geführt worden waren und wann dies geschehen war.

Meine Eltern hatten ihre eigene, mir unverständliche Ordnung gehabt, die Zettel zu sortieren. Sie waren weder alphabetisch, noch chronologisch geordnet. So schnell ich konnte, blätterte ich durch Hunderte von Zetteln, auf denen in krakeligen Lettern die Handschrift meiner Mutter zu sehen war. Manche der Namen und Daten erinnerten mich an die Tage, an denen ich meinen Vater beim Überqueren der Brücke begleiten und von ihm lernen durfte.

Es dauerte viel länger als gehofft, alle Zettel durchzuschauen. Die Schrift war zum Teil verblasst und das Papier vergilbt. Ich hielt inne, als ich fand, was ich suchte.

Der Zettel mit dem Namen Michaelis. Als ich die Gewissheit hatte, dass mich meine Erinnerung nicht betrogen hatte, schloss ich die Augen. Herr Michaelis war an dem Tag über die Brücke geführt worden, an dem mein Vater von ihr fiel. Er war der Letzte gewesen, der jemals rübergegangen war und er hatte uns erzählt, wie durch den unglücklichen Sturz mein Vater und alle seine Männer ums Leben gekommen waren.

Ich zerknüllte den Zettel in meiner Faust. Den Kasten verstaute ich wieder in dem Loch im Boden und befestigte das Dielenbrett an seinem Platz.

Als ich aufstand und den Zettel mit dem Namen in meine Brusttasche steckte, hörte ich sie.

Sie lachten und johlten nicht mehr. Stattdessen begleitete sie ein geflüstertes Raunen. Ich ging aus dem Haus und wandte mich dem Wald zu.

Darius kam mir entgegen, hinter ihm seine Männer. Sein Gesicht war purpurrot und seine Augen geschwollen. Er blieb wenige Meter vor mir stehen und hielt mir ein Glas direkt ins Gesicht. Die Gurken im Innern waren von einer samtigen Schimmelschicht überzogen.

»Ich verliere langsam die Geduld mit dir«, spie er. »Verfaultes und stinkendes Essen. Nur Reste für Hunde und Menschen wie dich. Willst du mich eigentlich auf den Arm nehmen?«

»Ich habe immer von meinem Garten gelebt«, erwiderte ich, bemüht ruhig zu bleiben. »Ich wusste nicht, dass die Lebensmittel schlecht geworden sind.«

Er knallte das Glas vor meine Füße. Das Gurken-Schimmel-Gemisch spritzte auf meine Schuhe.

»Gram«, rief Darius. »Begleite unseren Herrn Brach bitte zu seinem sogenannten Vorratslager und stell sicher, dass man uns genießbare Speisen vorsetzt.«

Gram nickte und packte mich an der Schulter. Er stieß mich durch das Waldstück vor sich her und gab mir nicht die Möglichkeit, ans Weglaufen zu denken. Ich spürte seinen Atem in meinem Nacken.

Gram schubste mich an der Höhle vorbei und die Treppe hinab. Nur mit Mühe konnte ich mich auf den Beinen halten. Der Boden in der Vorratskammer war glitschig. Sie mussten einige der Vorratsgläser runtergeschmissen haben.

Obwohl ich seit Jahren nicht mehr hier unten gewesen war, fand ich auf Anhieb, wonach ich suchte. In der dunkelsten Ecke ließ sich einer der Regalrücken zur Seite schieben. Dahinter lagerten mehrere Flaschen Wein und getrocknetes Fleisch.

Gram half mir nicht, die Lebensmittel zur Hütte zurückzutragen. Beunruhigt stellte ich fest, dass Rauch von dieser aufstieg. Je näher wir ihr kamen, desto intensiver wurde der Geruch nach gebratenem Fleisch. Sofort erinnerte mich mein Magen daran, dass ich lange nichts gegessen hatte.

Dann schlug mich die Erkenntnis mitten ins Gesicht.

Ich ging um die Hütte herum und trat an das Feuer. Die Weinflaschen und das Trockenfleisch wurden mir von »Darius« Männern aus der Hand gerissen, bevor ich sie fallen lassen konnte.

Das Entsetzen breitete sich wie eine zweite Haut über meinem Körper aus. Auf dem Feuer befand sich ein Spieß, an dem Herna hing. Neben dem Lagerfeuer lehnte an der Außenwand der Hütte die blutverschmierte Axt, die ich sonst zum Holzhacken nutzte. Der blutige Kopf von Herna lag achtlos daneben.

Darius kam zu mir und lachte mich an. »Was sagst du?«, fragte er. »Diese schöne Kruste steht ihr doch viel besser, als dieses struppige Fell.«

Starr blickte ich an ihm vorbei. Er sagte noch etwas, doch in meinem Kopf war kein Platz mehr für ihn.

Er wandte sich dem Feuer zu und brach eines von Hernas Beinen ab. Knackend gab der Knochen nach.

Er wedelte das Bein durch die Luft, bis es abgekühlt war und biss in das halb rohe Fleisch.

Ich stockte. Plötzlich hielt mir jemand die Faust vors Gesicht. Sie war fein und glatt. Die Faust öffnete sich und Hernas blaues Halsband lag darin. Die Hand gehörte einem von Darius' Männern: der Kleine, schmale, der mir bereits im Haus aufgefallen war.

Er schaute mich kurz an. Dann gab er mir das Band und wandte sich ab.

»Darius!«, rief ich und wusste selbst nicht, wie viel Zeit vergangen war.

»Ja, Herr Brach?«, fragte er und wandte sich mir zu.

»Ich werde dich über die Brücke bringen. Nicht weiter. Ich gehe nicht in die Gebirgsinsel.«

»Fürchtet sich da jemand vor ein paar Bäumen?« Er blickte mich an und lächelte noch immer.

»Abgemacht?« Meine Hand klammerte sich fest um Hernas Band.

»Als würde ich jemanden zwingen, etwas zu tun, das er nicht will«, antwortete er. Darius wartete einen Moment, bis seine Männer lachten. »Vielleicht hast du es noch nicht verstanden, Brach. Es ist mir komplett egal, was du machst, solange du mich über diese Brücke bringst. Hauptsache, ich komme da rüber.«

Ich blickte zu seinen Männern und nickte langsam.

»Warum nicht gleich so?«, fragte er und hob die Hände. »Auf geht's, Männer. Macht euch bereit! Nachdem das geklärt ist, können wir endlich machen, wozu wir hergekommen sind.«

Wie ein Fliegenschwarm stoben sie auseinander. Rasch verteilten sie sich in der Hütte, sammelten ihre Habseligkeiten und ihre Ausrüstung auf. Es dauerte nicht lange, bis auch der Letzte von ihnen vor der Brücke stand, die Mütze gerade auf dem Kopf.

Ich ging zur Hütte und rüttelte an einem der äußeren Fassadenbretter. Nach einer Weile löste sich ein Stück des Brettes. Es war sehr lang und schmal, doch aus so dickem Holz, dass es sich nicht bog.

Von einem Ende zog ich eine kaum sichtbare Kappe vom Holz und darunter kam ein Haken zum Vorschein. Früher war der Brücknerstab zu schwer für mich gewesen, heute lag er mir gut in der Hand.

Ich trat auf die ersten Bretter der langen Brücke und spürte, dass Darius in meinem Rücken unruhig wurde. Die Bretter knarzten bedrohlich und der Wind heulte hier wie sonst nirgends in der Gegend. Vorsichtig tastete ich mich vor, mied die Bretter nach einem bestimmten Muster und streckte dabei den Stab aus.

Vor mir klaffte das riesige Loch, das nur der geübteste Weitspringer überbrücken konnte. Und selbst wenn dies gelang, so waren die Bretter dahinter genauso gefährlich.

Für das unwissende Auge unsichtbar, befanden sich kleine Haken an den in den Abgrund hängenden Brettern. Nach wenigen Versuchen bekam ich diese mit dem Stab zu greifen und zog sie vorsichtig in die Höhe. Die Bretter waren schwerer, als ich gedacht hatte. Ich spürte, wie mir der Schweiß von der Stirn in die Augen lief, als ich die Bretter vorsichtig am anderen Ende befestigte.

Darius atmete hinter mir aus.

»Das ist also das Geheimnis der Brücke? Ein langer Stab? Irgendwie hatte ich mir das beeindruckender vorgestellt.«

»Tretet nur dahin, wo ich hingehe«, sagte ich. »Sonst seid ihr tot.«

Er hob beschwichtigend die Arme und verstummte. Niemand sagte ein Wort, als ich die Männer über die Brücke führte. Darius schickte zwei von ihnen vor. Er schien überrascht, als er auf der anderen Seite ankam. Seine Füße traten prüfend auf den festen Boden der Gebirgsinsel.

»Du«, sagte er und zeigte auf den Mann, der mir das Band gegeben hatte. »Mach ihn fest. Wir wollen doch sichergehen, dass wir auch wieder zurückkommen.«

Ohne Umschweife teilte er seine Männer in kleine Grüppchen auf und gab ihnen Anweisungen. Darius und Gram bildeten die letzte Gruppe.

Um meine Hände wurde ein Strick festgezogen. Bevor sie im Wald verschwanden, drehte Darius sich noch einmal zu mir um. Er hob triumphierend den Arm und lächelte.

Als er sich von mir abwandte, rieb ich meine Hände aneinander, wie die Krähe es mir beigebracht hatte. Der Knoten saß nicht so fest, wie ich befürchtet hatte. Ich presste meine Hände aneinander und spürte, wie das Blut meine Arme hinab lief.

Das Seil löste sich nach einer Weile und fiel zu Boden. Ich warf einen kurzen Blick zum Wald und rannte los. Mehrere Bretter auf einmal nehmend, eilte ich über die Brücke. Das letzte Stück sprang ich und rollte mich auf dem Boden ab. Ich blickte zurück und biss die Zähne zusammen. Ich war zu laut gewesen. Gram kam aus dem Wald gestürmt, dicht gefolgt von Darius.

Ich schnellte empor und rannte zur Hütte. Ohne Luft zu holen, griff ich nach der Axt, die noch immer neben den halb verspeisten Resten von Herna stand, und rannte zur Brücke zurück. Gram hatte bereits die ersten Bretter überquert. Ich ließ die Axt hinab schnellen.

Die Seile der Brücke rissen unter einem Ächzen, als würden sie zum ersten Mal seit Langem zur Ruhe kommen. Dann ging alles ganz schnell. Die Bretter brachen krachend weg, Gram versuchte zurück zu springen, doch er schlug gegen die Felswand. Gemeinsam mit der Brücke fiel er in die Tiefe. Mir war es, als könnte ich noch einmal sein röchelndes Lachen hören.

Auf der anderen Seite der Brücke hatten sich die Männer um Darius versammelt. Ich blickte sie der Reihe nach an. Sie riefen mir etwas zu, doch ihre Stimmen verschluckten sich gegenseitig. Nur der Mann, der mir Hernas Band gegeben hat, blieb stumm.

Ich wandte mich von ihnen ab. Die Brücke war fort. Ich hatte immer gewusst, dass mein Vater nicht einfach gestürzt sein konnte. Darius kennenzulernen, hatte mir Gewissheit verschafft. Es tat mir leid, dass ich mein Versprechen an meine Mutter gebrochen hatte, doch es kam mir so vor, als hätte sich der Kreis nun endlich geschlossen.

Ich trug die Überreste von Herna zusammen und begrub sie in unserem kleinen Garten. Im Frühjahr würde ich einen Neuen anlegen müssen.

Ich knotete Hernas Halsband um mein Handgelenk und legte mich in mein Bett. Bald würde die Krähe wiederkommen und mich fragen, was mit der Brücke geschehen war.

In den ersten Tagen konnte ich Darius und seine Männer noch bis spät in die Nacht brüllen hören. Nach zwei Wochen wurde es weniger. Manche sprangen, manche verhungerten, manche standen einfach nicht mehr auf.

Nur Darius blieb, der jeden Tag am anderen Ende der Brücke saß und mich anstarrte. Er lachte nicht und rief nicht mehr.

Irgendwann stand auch er nicht mehr auf. Sein lebloser Körper kippte nach vorne und fiel in die Tiefe.

JOHANNA WOHLGEMUTH

Die Verwandlung des Ikarus

Und dann der Start, hoch und wusch. Die Arme sind zu schwer, um zu jubeln, und doch ist es so toll. Wenn ich die Augen öffne, dann brennt die Luft, dann weine ich wie ein Kleinkind. Ich lege mich in den Wind, ich bin ein Vogel, ob ich auch zwitschern kann? Mein Mund pfeift ein Lied. Wenn Herda das sehen könnte! Ich bin eine Taube, eine Meise, ein Kuckuck, ein mächtiger Adler, der nach Beute sucht. Wenn ich den Kopf bewege, verkleben die Haare im Wachs.

Höher! Ein Adler muss höher!

»Ikarus!«

Vater ist irgendwo vor mir, wir sind eine Vogelfamilie, nur ohne Mutter. Sein Umriss ist verschwommen, die Stimme klingt nah und doch nicht.

»Ikarus, halt!«

Dabei macht es so Spaß und ist gar nicht gefährlich, Vater hat wieder übertrieben. Er sagt immer viel und meistens ist er zu besorgt oder er lügt. Zum Beispiel mit dem Labyrinth. »Ikarus«, hat er gesagt. »Geh da nicht rein, es ist gefährlich«, aber als ich dann drin war, waren es nur viele langweilige Steine, ein Monster habe ich auch nicht gesehen.

Mein Nacken wird warm, vielleicht werde ich jetzt braun, das wäre was, Herda wird staunen! Wo sie immer lacht, weil ich so blass bin. Jetzt hänge ich zwischen den Wolken, stehe mitten am Himmel. Ich bin ein Gott und wie die Götter sehe ich hinab, der Ozean funkelt, Zeus kann mir gar nichts, niemand reicht mir das Wasser!

Geht es jetzt abwärts?

Ein abstürzender Gott! Poseidon, sieh her, ich komme! Ich bin ein Fisch, ein Hering, ein Hai, meine Hände sind Flossen. Wusch und abwärts, mein Körper ist Geschwindigkeit. Ich lache mit offenem Mund, ich bin ein starker Meermann und schlage mit den Füßen. Ich will atmen, aber es geht nicht. Das Wasser ist kalt, es brennt in den Augen und in der Nase, ich müsste sie zuhalten, so wie Herda das tut.

Überall Meer, in der Nase, in den Ohren, in den Augen, unter der Zunge. Vogel-Sein war schöner. Die Arme rudern, die Beine treten, ich drehe mich, wo ist oben, wo ist unten. Dahin, wo's hell ist!

Ich presse den Mund zu, das Meer presst sich in mich, es ist, als müsste ich husten, oder so, als ob Herda auf mich springt und sitzen bleibt. Nach oben! Zu Vater! Wo bist du? Ich kreisle, meine Beine sind Steine, nur viel schwerer und ich – muss – jetzt – atmen –

JOHANNA WOHLGEMUTH

Lotta

Lotta will nicht mehr. Der Wind pfeift ihr um die Ohren, ihre Knie sind zittrig und ihr Magen ist seltsam präsent. Noch schaut sie nicht hinunter, denn – obwohl sie hier sein will, irgendwie, und es keinen besseren Ort dafür gibt – die Höhe macht ihr Angst.

Lotta will sterben. Das heißt, eigentlich nicht, viel lieber hätte sie ein gutes Leben. So was wie Schokokuchen zum Geburtstag, ihretwegen auch Zitrone. Dann vielleicht mittelmäßige Noten, ein bisschen Nachhilfe in Mathe. So was wie Streit mit ihrer Mutter, Sorge um Pickel und Jungs, vielleicht um einen Martin, Malte oder Max oder irgendeinen anderen, eigentlich ist es ihr egal, Hauptsache, er heißt nicht Matthias.

Während ihre Hände schwitzen, zieht sich Gänsehaut über ihre Schultern. Sie weiß, dass sie nie so leben wird.

Lotta hat lang überlegt: Wie stirbt man am besten? Und vor allem: Wie stirbt man am sichersten?

Also hat sie sich fürs Springen entschieden. Nur hat sie natürlich die Höhe unterschätzt und das Gefühl in den Knien. Jetzt versucht sie sich einzureden, dass es letztendlich nur ein Schritt ist. Ein einziger.

In ihrer Hosentasche vibriert es. Sie verflucht sich dafür, dass sie das Handy überhaupt dabeihat.

»Freu mich auf später«, schreibt Matthias. Lotta wird schlecht und schwindelig und plötzlich hat sie Angst zu fallen, bevor sie fertig ist. Sie geht in die Knie, lässt sich nach hinten kippen und landet auf dem Po.

Während sie die Augen schließt, atmet sie tief ein und aus.

Wenn sie ein anderes Leben hätte, dann würde sie nicht hier sein. Vielleicht würde sie in einem anderen Leben zum Beispiel gerade Kartoffeln zubereiten, zum Beispiel für ein gemeinsames Abendessen, zum Beispiel mit einer Mutter. Aber in diesem Leben hat sie nur die dicke Penelope mit den braunen Locken, die früher manchmal abends bei ihr saß und ihr über den Kopf strich. Lotta mag Penelope und Penelope mag Lotta, deshalb erlaubt sie auch die regelmäßigen Ausflüge mit Matthias.

Da nur Penelope bemerken würde, dass Lotta statt in ihrem Zimmer auf diesem Dach ist, hat sie sich für den Tag ihres Sprungs einen Samstag ausgesucht: Heute hat Penelope frei und bleibt zu Hause, so wie jeden Samstag, weil sie außerdem noch eine eigene Familie versorgen muss.

Dieses ›Dach‹, auch das ist ganz genau ausgewählt. Lotta hat sich viele Häuser angeguckt, monatelang ist sie Treppen nach oben gestiegen, ist mit nach Urin stinkenden, dudelnden, ratternden Aufzügen so hoch wie möglich gefahren, hat Türen zu Dächern ausprobiert und wenn sie offen waren, hat sie probeweise die Umgebung angesehen. Waren da andere Häuser gegenüber und daneben, von denen man sie sehen konnte, oder besser, von denen man sie in ihrem Vorhaben stoppen konnte? Waren da Balkone, Markisen oder sonstige Dinge, die ihren Sturz aufhalten oder abfedern konnten, sie am Ende verkrüppelt überleben ließen? Und das Wichtigste: Waren da Straßen voller Menschen unter ihr, die sie aus Versehen verletzten konnte, wenn sie auf sie fiel? Denn das will sie auf keinen Fall. Sie verabscheut die Selbstmörder, die sich zum Beispiel vor den Zug werfen – wie krank muss man sein, einem x-beliebigen Zugführer, einem Menschen, den man nicht kennt, jemanden, der Vater oder Mutter ist, Sohn oder Tochter, jemanden, der sensibel, lustig oder ernst ist, den Tod an sich selbst anzulasten? Lotta findet den Gedanken paradox, aber solche Zugselbstmörder haben den Tod echt verdient.

Natürlich, wenn sie hier und heute springt, nimmt sie ebenfalls nicht nur sich selbst mit in den Tod, aber anders geht es eben nicht. Und eigentlich zählt das auch nicht.

Sie öffnet die Augen. Über ihr geht der Abendhimmel auf und mit ihm werden zahlreiche Sterne sichtbar. Lotta mag den Himmel, vor allem nachts, vor allem, wenn sie allein ist. Jetzt sucht sie ihn nach Sternschnuppen ab, ständig hat sie das Gefühl, eine im Augenwinkel zu sehen, das heißt, gerade so zu verpassen. Aber das macht nichts, sie hat sowieso nichts, was sie sich wünschen kann.

Schön, denkt sie, dass man die Sterne hier so klar sehen kann. Sie lobt sich für ihre Gebäudeauswahl. Ein Rohbau am Stadtrand, hoch, unfertig, einsam. Gut, dass Matthias nicht weiß, wo sie ist, ihm würde das sicher auch gefallen.

Sie schaudert und fragt sich dann wieder, ob er ihre Abneigung überhaupt verdient hat. Ist es nicht genauso auch ihre Sache? Und immer wieder der Gedanke, dass es vielleicht gar nicht so schlimm ist, dass sie überreagiert. Immerhin haben die anderen Kinder kein Problem mit Matthias, im Gegenteil. Selbst Penelope hat ihr mal erzählt, dass sie gerne mit ihm zusammenarbeitet, und sie ist echt wählerisch.

Lottas Zähne fangen an aufeinanderzuschlagen. Sie hat das Bedürfnis, duschen zu gehen. Schließlich fällt ihr auf, dass sie immer noch auf dem Boden des Daches sitzt – ein komischer Gedanke, der Boden des Daches. Ihr Hintern ist durchgefroren, sie steht auf und klopft ihn sich mit den Händen wieder warm. Dann beugt sie sich etwas vor und wirft einen schwindeligen Blick nach unten.

»Keine Sorge, ich passe auf.« Von wegen.

Scheißherbst. Trüb und trist und furchtbar, aber damit gleichzeitig gut für ihre Zwecke. Herbst ist die perfekte Jahreszeit zum Sterben. Im Sommer wäre es ihr jedenfalls schwerer gefallen, da geht man an den See, trinkt heimlich ein Fiege Export oder raucht hinter der Garage am Ende der Straße eine schnelle Zigarette, die nicht schmeckt. Im Sommer trifft man sich mit Menschen, mit Jule und Saskia aus ihrer Klasse, oder anderen, ganz egal, richtig befreundet ist Lotta mit niemandem, vielleicht liegt es an ihr. Man treibt dann so mit denen durchs Dorf, fährt manchmal mit dem Bus in die Stadt. Die meiste Zeit ist man draußen und abends zeltet man mit den anderen Heimkindern im Garten oder man schläft im eigenen Bett einfach auf der Stelle ein, ohne dass man nachts geweckt wird. Im Sommer gibt es die meisten schlimmen Gedanken gar nicht, vielleicht werden sie faul bei dem Wetter oder bekommen Hitzefrei. Und das Wichtigste: Im Sommer hat Matthias Urlaub. Vier ganze Wochen am Stück, und deshalb stirbt man nicht im Sommer.

Lotta seufzt. Sie sieht wieder nach unten, betrachtet ihre Schuhe, an deren Spitze ein dunkler Abgrund liegt.

Wieder denkt sie: Nur ein Schritt.

Dann denkt sie darüber nach, wann es angefangen hat. Sie kriegt die Ereignisse kaum zusammen. Jedenfalls hat Matthias sie irgendwann zum ersten Mal eingeladen. »Hey, hättest du Lust heute Abend«, hat er gesagt, »ein bisschen in die Stadt?« Und sie hat sich gefühlt wie die Königin der Welt, zumindest die Königin des Kinderheims. Immerhin durfte nur sie abends noch weggehen. Sie fuhren zusammen in die Stadt, zogen durch die Straßen, bis Lotta sich eine Bar ausgesucht hat. Zum ersten Mal fühlte sie sich von jemandem richtig ernst genommen. Nicht bloß wegen dem Bier, das sie an und für sich noch nicht trinken darf, auch wegen dem Neid der anderen Kinder. Abends rausgehen darf man nämlich nur in Begleitung eines Erziehers. Und Matthias will eben mit ihr gehen. »Du bist so anders«, hat er ihr erklärt. »Viel erwachsener als die anderen. Einfach was Besonderes.«

Matthias erzählte ihr Geheimnisse, die sie mittlerweile nicht mehr wissen will. Er wollte ihre Meinung zu Dingen hören, die ihn beschäftigten und die ihr jetzt ganz egal sind. Zeitweise redeten sie nur über Lotta, über das, was ihr wichtig ist. Nun schämt sie sich für ihre anfängliche Offenheit.

Währenddessen hat er ihr Bier ausgegeben, dann noch eins, dann noch eins. Es ist nicht so, dass Lotta vorher noch nicht getrunken hätte, aber an diesem Abend war es irgendwie mehr oder schneller als sonst, jedenfalls war sie ziemlich betrunken.

Matthias hat sie dann zurück in ihr Stockwerk gebracht, sie hat sich auf ihn gestützt und versucht, nicht zu laut zu kichern. Er begleitete sie zu ihrem Flur und folgte ihr ins Zimmer, in ihr eigenes Einzelzimmer, das sie erst kurz zuvor bekommen hat. Dann half er, sie auszuziehen. Er öffnete ihr die Schuhe, dabei war es nur ein einfacher Klettverschluss, dann den Gürtel, zog ihr die Hose runter.

Ihr war es peinlich, sie schämte sich. »Stell dich nicht so an«, hat er gemeint und war irgendwie böse. »Ich will dir nichts, ich hab nur versucht, dich ins Bett zu bringen.« Und weil sie ihm glaubte und nicht wollte, dass der schöne Abend damit endete, dass Matthias sauer war, hat sie es eben zugelassen. Als sie nur noch in Unterhose auf dem Bett lag, hat sie sich auf den Bauch gedreht. Sie wollte nicht, dass er sie ansieht.

»Du bist wunderschön.«

Dann presste er sich an sie, rieb sich an ihr, leckte an ihrem Ohrläppchen.

Lotta drehte den Kopf nach links, nach rechts, dann wieder nach links. Die Bewegung trieb das Bier die Speiseröhre hoch. Sie hatte Kopfschmerzen. Schließlich drückte sie Matthias mit Schulter und Ellbogen fort. Er setzte sich neben sie auf das Bett, sie fror.

»Es tut weh«, sagte er und presste sich beide Hände in den Schoß.

»Was?«

»Wenn man nicht kommen kann, aber will«, sagte er. »Die Hoden. Es tut echt weh.«

Lotta wollte nicht fragen und tat es doch. »Und jetzt? Was kann man tun?«

Er lachte. »Na, Sex. Aber lass nur.«

Sie schloss die Augen, eine Sekunde lang schlief sie tief und fest.

»Ich dachte, dir hätte unser Ausflug heute auch gefallen.« Seine Stimme riss sie zurück in Kopfschmerz und Erschöpfung.

»Natürlich.«

»Dann versteh' ich's nicht.«

»Es – «

»Ich hab dich nicht gezwungen mitzukommen. Du hättest auch ›Nein‹ sagen können.«

»Ja.«

»Und jetzt tust du so, als wäre ich dir egal. Ich dachte echt, ich würde dir was bedeuten. Oder hast du mich nur ausgenutzt?«

»Nein – «

»Schon gut, ich hab's verstanden. Aber ich hab geglaubt, du wärst anders.«

Wenn sie darüber nachdenkt, ob sie es nicht vielleicht selbst will, streitet sie immer häufiger mit sich, vor allem seitdem er sein Versprechen gebrochen hat.

Mit der Zungenspitze befühlt sie ihr Zahnfleisch oben rechts, es ist entzündet und tut weh. Ihr fällt ein, dass sie Dienstag einen Zahnarzttermin hat. Mit welcher Begründung hätte sie ihn auch absagen sollen. Entschuldigung, ich kann den Termin leider nicht wahrnehmen, ich und mein Zahnfleisch, wir sind dann nämlich bereits tot.

Vielleicht schickt die Zahnarzthelferin ein Kärtchen, wenn sie Dienstag nicht kommt. »Es wird Zeit für einen neuen Termin«, oder so.

Ob Penelope dann weinen wird? Aber es ist doch auch ihre Schuld, immerhin hat Lotta ja versucht, es ihr zu sagen. Sie erinnert sich gut an das Gespräch, klar und deutlich, auch wenn es mittlerweile ein paar Jahre her ist.

»Penelope?«

»Hm?«

»Hast du Zeit? Ich wollte mit dir über was reden.« Noch stand Lotta an der Tür, sie fühlte sich irgendwie falsch. Als sie vorhin im Bett gelegen hat, abwartend, ob die Nacht ruhig blieb, war es ihr wie eine gute Idee vorgekommen, wie eine Lösung. Jetzt wollte sie nur wieder zurück unter ihre Bettdecke.

»Klar, worum geht's denn?«

»Also ...«

Sie weiß noch, sie setzte sich auf den Sessel in der Ecke des Büros, auf dem sie immer saß, auf dem sie sich wohlfühlte, und betrachtete ihre Hände.

»Schläfst du etwa in Jeans?«

Lotta fühlte sich ertappt. Sie schwiegen. Bis auf das Geräusch der Fingernägel, die Lotta abriss, war es einige ewige Sekunden still im Raum.

»Hör auf«, sagte Penelope und Lotta zwang sich, ihre Hände in den Schoß zu legen. Das Licht kam ihr zu hell vor, die Luft stickig, der Raum zu eng. Ihr Magen verkrampfte sich. Während sie sich eine Ausrede überlegte, jetzt doch noch fortzulaufen, riss Penelope sie abermals aus ihren Gedanken.

»Willst du jetzt was erzählen oder nicht?« Sie trommelte mit Mittel- und Zeigefinger auf die Schreibtischplatte. Lotta nickte, schluckte und zwang sich »Matthias« zu sagen. Ihre Stimme kam ihr fremd vor, leise und brüchig, gar nicht wie sonst.

»Was ist mit ihm?«

Nur dann konnte sie wirklich nichts mehr sagen, ihr fehlten die Worte, wie beschrieb man, was da vor sich ging, sagte man ›Matthias fasst mich an‹ und war das nicht zu wenig, sagte man ›Penis‹, was für ein schreckliches, ekliges Wort. Sie merkte schon beim Gedanken daran, wie ihr eine verräterische Röte ins Gesicht stieg, und schämte sich dafür. Und selbst wenn sie die Sprache dafür gehabt hätte, fehlte ihr der Mut, das Geheimnis aufzulösen, das sie unwiderruflich mit Matthias verband, an dem sie genauso Anteil hatte wie er. Und wer gab ihr denn überhaupt das Recht, schlecht über Matthias zu reden, wo alle ihn so mochten und sie beneideten für die Aufmerksamkeit, die er ihr entgegenbrachte? Vielleicht hatte sie nur vergessen, ihm zu sagen, was sie wollte und was nicht. Außerdem wusste sie, dass er sehr traurig sein würde, wenn sie das Ganze kaputt machte. »Jetzt hab ich mir so viel Mühe gegeben«, würde er sagen, dann würde er sich auf die Bettkante setzen und das Gesicht in den Händen vergraben. »Was hab ich denn falsch gemacht?«

Bis heute weiß sie nicht, ob es gut oder schlecht ist, dass Penelope es nicht verstanden hat. Damals erschien es ihr einfacher, es nicht zu beichten. Lieber wollte sie damit leben, einfach warten, bis es aufhört, weil sie noch dachte, dass es aufhört. Spätestens doch dann, wenn sie achtzehn wird und auszieht aus diesem engen Zimmer mit den stinkenden Wänden. So war es sicherer. Nur jetzt ...

Lotta streicht sich die Haare aus dem Gesicht und macht schließlich ihren Zopf neu. Dann findet sie sich selbst absurd, wer braucht beim Sterben schon eine schöne Frisur?
 Wieder überlegt sie, dass es vielleicht einfacher wäre, wenn sie eine Mutter hätte oder einen Vater. Und wie immer macht dieser Gedanke sie traurig.

Manchmal stellt Lotta sich vor, ihre Mutter hätte sie weggegeben, weil sie todkrank war und ihr die Trauer ersparen wollte, aber meistens weiß sie, dass sie wahrscheinlich von einer drogensüchtigen Prostituierten abstammt, die ihr Neugeborenes zur Adoption freigegeben hat, wie man das eben so tut, wenn man sich nicht mal um sich selbst kümmern kann.

Seit ein paar Wochen lockert sich der Knoten aus Wut, den sie ihr Leben lang für ihre fremde Mutter geschnürt hat, und löst sich langsam auf. Immer häufiger ist Lotta jetzt in der Situation, in der sie sich eingestehen muss, dass sie ähnlich handeln könnte. Nur würde sie es nicht tun. Oder?

Als Lotta wieder hinuntersieht, dauert es genau eine Sekunde. Dann entscheidet sie sich: sie will nicht springen. Sie dreht sich um, macht zwei, vielleicht drei energische Schritte auf die Tür zu, auf die Treppe hinunter, zurück ins Leben. Dann fällt es ihr wieder ein. Sie spürt Matthias' Hände auf ihrem Körper, seinen warmen Atem an ihrem Ohr, sie hört sein Stöhnen, ihren Namen aus seinem Mund. Alles an ihr verkrampft sich. Jedes Mal hat sie gedacht, dass es bald vorbei ist, aber es ging immer weiter. Am Anfang waren es nur die Samstage, mittlerweile kommt er drei-, viermal die Woche, vielleicht ist es bald jeden Abend, sie kann sich nicht mehr vorstellen, dass es überhaupt jemals aufhört, selbst wenn sie auszieht, nirgends wäre sie sicher vor ihm, wieso sollte er sie nicht besuchen kommen, sie weiß es jetzt, vor ihren Augen wird es dunkel, sie liegt im Bett, hat den Pullover an, zwei Hosen. Sie denkt: Schlaf ein schlaf ein schlaf schnell ein du musst tief schlafen –

Lotta zieht sich an den Haaren, sie will jetzt nicht abdriften. Der Zopf ist schon wieder hinüber.

Sie heult und schämt sich für das, was er mit ihr tut. Vielleicht hätte sie es ja ausgehalten, wirklich, sie glaubt, vielleicht hätte sie es ertragen. Aber ...

Lotta umfasst ihren Bauch mit beiden Händen.

Dann zieht sie den Rotz hoch. Sie will nicht weinen, sie will nicht an Matthias und schon gar nicht an dieses Kind denken. Sie hasst es. Nicht nur weil es ihr Leben verändern wird, nicht nur weil es von Matthias ist, nicht nur weil er so, so wütend auf sie sein wird, sondern auch weil es aller Welt zeigen wird, was sie getan hat, weil jeder es wissen wird. Wie soll sie damit weiterleben? Sie kann sich den Ekel in den Blicken der anderen vorstellen. »Warum hast du denn nicht ›Nein‹ gesagt?«, wird Jule fragen. »Igitt, so ein alter Mann«, wird Saskia sagen und Penelope wird die Nase rümpfen, »Wie konntest du nur?«, und dann immer wieder: »Wenn du es selbst nicht wolltest, wieso hast du dann nichts gesagt?«

Und Lotta wird nicht antworten können, denn sie weiß es nicht, sie weiß nicht, wie sie nur konnte, sie weiß nicht, wieso sie nichts sagt und dann ekelt sie sich doch auch selbst vor sich und vor Matthias, auch wenn er immer sagt, es gefällt ihr doch und sie manchmal auch fast stöhnt, dafür schämt sie sich am meisten. Vielleicht hat er ja recht, vielleicht haben sie alle recht, vielleicht ist sie so abscheulich und will es selbst.

Bestimmt wird Matthias auch böse sein, sehr sogar. Und traurig, dass sie so dumm ist und schwanger geworden ist. »Du hast alles kaputt gemacht«, wird er sagen und genau das hat sie doch auch, ihr ganzes Leben. Es bleibt nichts anderes übrig, jetzt sind nur noch sie und das Dach und die Schwärze da.

Die ganze Zeit läuft ihre Nase vom Wind und von der Kälte, aber sie weint nicht mehr, jetzt nicht mehr. Sie sieht auf ihre Schuhe – mittlerweile trägt sie keinen Klettverschluss mehr – , dann auf den Abgrund. Nur ein Schritt.

Obwohl sie friert, zieht sie sich jetzt langsam aus. Erst die Mütze, die Jacke, die Handschuhe, die schönen braunen Schnürstiefel, die Matthias ihr geschenkt hat, dann den Schal. Alles legt sie ordentlich zusammen und dann übereinander auf den Boden, die Schuhe ganz nach oben, dass nichts wegfliegt. Vielleicht können die anderen Kinder aus dem Heim noch etwas davon gebrauchen, irgendjemand wird sich sicher über neue Sachen freuen.

Lotta hat keinen Abschiedsbrief geschrieben, was soll sie auch hineinschreiben, wo sie doch hofft, dass auch nachher niemand Bescheid weiß. Natürlich ist die Hoffnung dumm, sie werden sehen, dass sie nicht allein gestorben ist und jeder wird wissen, dass sie eine Schlampe war.

Ein Schritt.

Noch einmal umfasst sie ihren Bauch. Tut mir leid, sagt sie zu dem Kind, alles, auch dass ich dich mitnehmen muss, und dass ich dich so wenig leiden kann, tut mir leid.

Ein halber Schritt.

Lotta verbiegt den Hals für einen Blick in die Sterne. Mit offenem Mund schließt sie die Augen, behält das Bild der strahlenden Punkte im Kopf und hinter den Lidern, zieht die kalte Luft in die Lungen. Sie friert nicht mehr.

Biografien

ANNE BLEZINGER, geboren 1991 in Ulm, studiert Kunsterziehung und Germanistik an der Staatlichen Akademie der Bildenden Künste Karlsruhe und am Karlsruher Institut für Technologie (KIT). 2013 führte sie im Rahmen eines Uni-Theaterprojekts ihr erstes Stück *Veganerpizza* auf. 2015 veröffentlichte sie mehrere Prosatexte in der Anthologie der Literaturgruppe beschriftet und in der studentischen Zeitschrift *Haus aus Staub* der Kunstakademie Karlsruhe. Im Rahmen der Siebten Karlsruher Lesenacht las sie im Pavillon des Karlsruher Schlossparks. 2016 nahm sie an den Literaturtagen in Karlsruhe teil und stellte im Letschebacher Kunstverein ein literarisches Kunstprojekt vor. Aktuell arbeitet sie an verschiedenen Kurzprosaprojekten und einem Roman.
https://anneblezinger.wordpress.com/

SIMON BROMBACHER, geboren 1989 in Karlsruhe, hat Germanistik und Geschichte am Karlsruher Institut für Technologie (KIT) studiert. Zurzeit arbeitet er als freier Lektor. Seit etwa dreizehn Jahren schreibt er Kurzprosa und Lyrik. 2014 veröffentlichte er über die CreateSpace Independent Publishing Plattform die Kurzgeschichtensammlung *Bis in die Tiefen*. Im Dezember veröffentlichte er zusammen mit der Karlsruher Autorengruppe *beschriftet* die Anthologie *Beschriftet – Texte junger Autoren*. Momentan arbeitet er an einem Science-Fiction-Roman.

ROCIO LILLIANA GÜNTHER, geboren 1988 in Karlsruhe, lebt in Bad Herrenalb und arbeitet an einer Dissertation in Germanistik am Karlsruher Institut für Technologie. Sie arbeitet als Dozentin für Deutsch als Fremdsprache an verschiedenen Universitäten, unter anderem in Karlsruhe, Peking und Stuttgart sowie für das Architekturbüro Beier-Xanke in Karlsruhe.

DOMINIK HAITZ, geboren 1985, studierte Physik und Germanistik in Stockholm und Karlsruhe. 2016 promovierte er in Teilchenphysik. Seinen ersten Roman stellte er 2017 fertig, seitdem arbeitet er an verschiedenen erzählerischen Projekten.

THOMAS HEINTZ, geboren 1990 in Schwäbisch Hall, studiert Germanistik und Geographie auf Lehramt in Karlsruhe und arbeitet am Institut für Germanistik sowie am SchreibLABOR des House of Competence. Seit 2014 schreibt er eigene Texte, hauptsächlich Kurzprosa. Momentan widmet er sich einem Roman-Projekt. Mehrere seiner Texte wurden bereits veröffentlicht. Auf Anfrage der Literarischen Gesellschaft Karlsruhe las er u. a. während der Siebten Karlsruher Lesenacht. Er ist außerdem Gründungsmitglied der Autorengruppe *beschriftet*.

ALEKSEJ REIMISCH ist 1989 in Kasachstan geboren. Er wohnt in Karlsruhe und studiert Germanistik am KIT. 2014 wurde sein Gedicht *Kondensat* in der Osloer studentischen Literaturzeitschrift *LASSO* veröffentlicht. 2016 veröffentlichte er als Mitglied der Autorengruppe *beschriftet* in der gleichnamigen Anthologie. Er schreibt überwiegend Lyrik und Kurzprosa.

DANIELA WASSMER, geboren 1990 in Heidelberg, studierte Psychologie in Mannheim und Belfast (B.A.), sowie Germanistik in Karlsruhe (B.A.) und in Heidelberg (M.A.). Neben dem Studium arbeitet sie im Team für Historische Bestände an der Badischen Landesbibliothek Karlsruhe. Ihre Romanprojekte schreibt sie in den Genres Dark Fantasy und Mystery. Seit sie Anfang 2016 Mitglied der Autorengruppe *beschriftet* wurde, schreibt und veröffentlicht sie außerdem Kurzprosa verschiedener Genres. 2017 war sie für den Fränkischen Krimipreis nominiert.
http://daniela-wassmer.webnode.com

JOHANNA WOHLGEMUTH, geboren 1988 in München, aufgewachsen im Ruhrgebiet, studierte Germanistik (B.A.), dann Europäische Kultur und Ideengeschichte (M.A.) in Karlsruhe. Sie veröffentlichte diverse Gedichte und Kurzgeschichten in Zeitschriften und Anthologien, wurde 2017 mit dem Fränkischen Krimipreis ausgezeichnet und erreichte bei anderen Literatur-Wettbewerben die Shortlist. Ihr erster Roman *Frau Schnieder kehrt heim* erschien 2017 beim Gorilla Verlag, Halle/Westf. Sie ist Gründungsmitglied der Autorengruppe *beschriftet.*
www.johannamuth.jimdo.de &
www.facebook.de/johannawmuth

Nachwort

Niemand ist noch nie gefallen. Das Fallen ist vielleicht die menschlichste aller Tätigkeiten: Sie zeigt uns, dass wir nicht fliegen können. Beim Fallen verlieren wir zwar den Boden unter den Füßen, und doch ist die Anziehungskraft des Planeten Voraussetzung für den Sturz. Jeder Fall bringt eine Erschütterung, eine Störung im Lauf der Dinge, und danach ist alles anders als vor dem Fall: Perspektiven sind verrutscht, die Dinge verrückt, es gibt Risse, Sprünge, Scherben, Bruch. Zer- und Zufall, Ein- und Ausfall, Über- oder Unfall – ein Sturz aus großer Höhe ist die Voraussetzung für jede Tragödie, aber schon ein kleiner Lapsus mündet in unerhörten Begebenheiten und gibt Anstoß für Geschichten.

Acht junge Literatinnen und Literaten aus Karlsruhe haben sich an zwei Wochenenden zusammengefunden, um sich schreibend mit dem Fallen auseinanderzusetzen. Da das literarische Schreiben, ebenso wie das Fallen, nie ohne Höhenflüge und Abstürze vonstattengehen kann, ist ein Text über das Fallen immer auch ein Text, der sich nahe am Ich und an dessen Abgründen bewegt.

Die vorliegende Anthologie enthält pro Autorin und Autor jeweils zwei Texte zum Thema Fallen: Der eine besteht in einer spontanen Übung zum Ikarus-Mythos, eine Impro-Variation auf das achte Kapitel von Ovids *Metamorphosen*. Der andere ist ein längerer, freier Text zum Thema des vorliegenden Bandes.

Ikarus, der nicht hinter seinem Vater herfliegen möchte, nicht maßvoll, gehorsam und vernünftig auf dem geraden Weg zwischen Sonne und Meer bleiben will, fliegt zu hoch, fällt ins Meer und ertrinkt.

Hatte er nicht vielleicht trotzdem ein erfülltes Leben, im Gegensatz zu Dädalus, dem berühmten Architekten? Ist das Opfer des einzigen Sohnes der angemessene Preis für die Flucht aus der Gefangenschaft? Diese Fragen werden in den Geschichten der acht Autorinnen und Autoren gestellt: Es geht darin um Auflehnung, Kontrolle und den Kampf der Generationen, um Lust versus Vernunft, um die Feier des Augenblicks, Liebe, Hass, das Fremdsein und um die Freiheit.

Die freien Texte sind das Kernstück des vorliegenden Bandes. Der Grad der Auseinandersetzung mit dem Fallen liegt ganz im Ermessen des Schreibenden. Eine Berührung, eine Assoziation, vielleicht nur das Fallenlassen eines Wortes können genügen, um einen Weg ins Thema – und wieder aus ihm heraus und in ein anderes hinein – zu finden. In mehreren Geschichten wird das Fallen jedoch ganz konkret: Zweimal geht es um Freitod, einmal um Mord.

Die Erzählungen vorliegenden Bandes sind so individualistisch und heterogen wie ihre Verfasser: Zwei Geschichten (Haitz, Reimisch) spielen mit der Märchengattung, eine andere (Waßmer) würde man vielleicht einem Fantasy-Genre zuordnen – wenn man unbedingt Ordnung haben möchte. Ein Text bedient sich der Elemente des Surrealen (Brombacher), ein anderer der des Absurden (Günther). Ein Großteil der Texte evoziert eine Art unzuverlässigen Realismus (Wohlgemuth, Blezinger, Heintz). Die Wirklichkeit jeder einzelnen Geschichte gestaltet sich auf ganz unterschiedliche und immer kunstvolle Weise durch Rückblenden, Erinnerungen, Brüche, Deutungen, zweifelhafte Erzähler. Leseerwartungen sind dazu da, um enttäuscht zu werden, und dennoch, nein, gerade deshalb sind diese Texte in sich stimmig.

Für mich persönlich war es eine Freude und eine Ehre, Zeugin der Entstehung dieser Texte zu sein. Wenn es durch Werkstattgespräch und Lektorat zu Erkenntnisgewinnen gekommen sein sollte, und sei es nur zur Erkenntnis, dass man, wie Ikarus, seine Fehler und Erfahrungen selbst machen muss, dann wäre ich froh. Sollte es zu Erkenntnissen über Sprache, Stil, Struktur und dem eigenen Schreiben gekommen sein, wäre ich glücklich.

Ich nutze dieses Nachwort, Herrn Prof. Hansgeorg Schmidt-Bergmann, aber auch den Teilnehmerinnen und Teilnehmern des Schreibworkshops für ihr Vertrauen zu danken. Ich freue mich darauf, bald viele fette Bücher von Ihnen allen zu lesen.

KATHARINA HAGENA
Hamburg, September 2017

Lindemanns Bibliothek, Band 311
herausgegeben von Thomas Lindemann

Titelbild: Esther Stern

© 2018 · Info Verlag GmbH
Alle Rechte vorbehalten.
Nachdruck ohne Genehmigung
des Verlages nicht gestattet.
ISBN 978-3-88190-997-6
www.infoverlag.de